親子四代
太平洋を渡って

大橋慶一

幻冬舎ルネッサンス新書
265

まえがき

我が家の四世代のこと

老人の思い出話にも、これから人生を開拓していこうとする若者にとって、ヒントになることがきっとある。そう信じて、私はそれを本に書いておくことにした。

私は人生の活動期の36年ほどを米国で過ごした。その渡米期間を含む我が人生の80年余りのことは、2023年8月に出版した『米国への往復きっぷ 人生計画の展開』（幻冬舎ルネッサンス新書）に書いた。

今回は自分の人生だけではなく、さらに時間軸を広げて、祖父・父・私・長男の四世代にわたっての日米での人生についてお話しする。

祖父である大橋廓道《かくどう》は、大正時代のはじめ、35歳のときに渡米した。その後、太平洋戦争を挟んで亡くなるまでの40年ほど、一度も日本に帰国することなく米国で過ごした。

父・慶夫《よしお》は日本で生まれたが、幼児期に渡米、教育はすべて米国で受け、大学卒業後、日本に帰国。太平洋戦争で日本軍の兵士として30歳で戦死した。

私は日本で生まれ育ったが、26歳で米国に留学し、62歳で引退して日本に帰国するまで、現職の活動期をすべて米国で過ごした。

長男・晶《あき》は、米国生まれ米国育ちであるが、ビジネススクール卒業後、数年日本で仕事をした後、米国に戻る。その後、いまも日本向けのビジネスに携わり頻繁に来日している。

図にまとめたように、四世代にわたって太平洋を行ったり来たりしている。したがって、4人とも日本語と英語で生活したが、強いて母国語というか、思考する際の優先言語は初等教育をどちらの国で受けたか

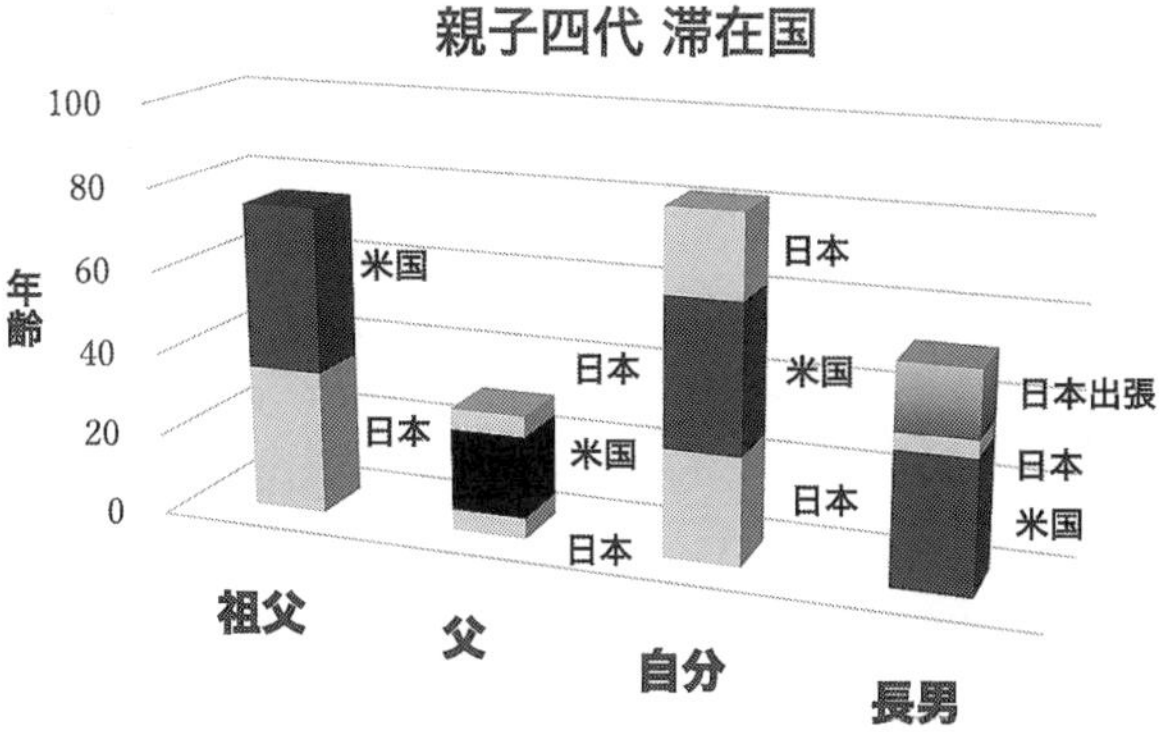

によって決まるようで、祖父と私は日本語、父と息子は英語であった。一代ごとに変わっている。

また、4人とも一つの仕事を一生やり抜くというのではなく、世の中の流れや自分の関心の変化に従って、転職に次ぐ転職をしている。そこで今回は、それぞれの気持ちの変化と並行して、その原因となった産業界の変化、特に技術の発展について詳しく見ていきたいと思う。

まず、私と息子がどのように転職したかお話ししよう。私は、大学→大企業の研究所→画像処理ビジネスの小さなベンチャーへ。息子は建築→インターネットビジネス→技術経営へと変わった。今回、その転職の過程を見直してみた。何を見て、何を考え、そしてどのような決断をしたのか——。これから人生計画を立てようとする若い人たちの参考になることが多少ともあればと思う。

インターネットやテクノロジーの発展という社会のデジタル化の影響により、仕事や交流のスタイルが変化してきている。リモートワークやオンラインビジネスが普及し、場所や時間にとらわれずに活動できる機会も増えてきた。

そのような労働環境の大きな変化を産業革命と対応して考えてみる。いままで大きな産業革命は4つあった。第1、第2は蒸気機関・電力などのエネルギー関連である。そして第3、第4はコンピュータやインターネット関連である。さらに、この本を書き進めているうちに、チャットGPTや画像生成AIなどが一般的になってきた。第5次産業革命ともいわれはじめている。働き方が大きく変わる可能性が大きい。

技術の進化

新しいコンピュータ技術やインターネットの発展が、それまでできなかったことを可能にすると、新しい仕事が生まれる。そのような労働環境の変化に対して、我々はどのように対応して仕事を変えたか。それが、私の関心事である。環境の変化に対して必要なのは、自己学習やスキルの習得（リカレント、学び直し）を行って、技術の進歩に追いつくことである。私自身も、私の息子も、一度仕事に就いてから、世の中の変化を見て新たに学び、全く異なった方向に人生を変えた。

これからも技術の進歩や社会の変化の速さに対応するために、いままで以上に学び続けることや柔軟な働き方を取り入れることが求められる。また、新たな仕事やキャリアの可能性を探求することも重要である。変化を恐れず前向きにチャレンジし、自己成長を図ることで、未来の仕事に対応できるのである。

コンピュータからインターネット、さらにその先のことを考えると、人工知能（ＡＩ）という流れが見えてきた。ＡＩはこれから先の職業選択にどのような影響を与えるだろうか。年齢から考えて、私自身はもう関わりはないが、思い出話だけに終わらせないで、少し予見的な観点から、これからの社会の方向を考えてみたい。

インターネット、コンピュータ以外では、新しい炭素繊維などの材料科学・脱炭素社会運動・ＳＤＧｓなども労働環境を変える要素になりそうだ。これらについての議論は別の機会に譲る。

技術の生まれるところ

新しい技術は、大学や企業の研究所で生まれて発達していくことが多い。それで今回は、息子や私が多少縁のあったところを中心にして、アメリカにはどんな研究機関や企業があるのか、やや詳しく紹介していくことにした。学問的な研究というより、ビジネスの種になる技術の発祥の地を訪ねてみよう。

最新技術をビジネスにしていく企業は、何もないところから突然生まれるのではなく、ある場所にまとまって出てくることが多い。1960年代から1980年代にかけて、ボストン市の環状道路、ルート128（Route 128）を中心とした環状線沿いに多数のハイテク企業が誕生した。私は現役最後の12年をこのルート128沿いの企業で過ごした。

その後、1980年代以降、新しい技術の発展の中心は東海岸から西海岸に移り、サンフランシスコ市南東部に電子工業の研究所や関連企業がまとまって出てきた。電子部品の半導体にシリコンを使うことから、この地区は通称「シリコンバレー」（Silicon Valley）と呼ばれる。長男は大学卒業後、日本で過ごした5年を除いて、ほとんどシリコンバレーで仕事をしている。

アナリー・サクセニアン著『現代の二都物語』は、ルート128と対比させることで、シリコンバレーの強みを描写している。競合企業同士でも平気で協力するシリコンバレーのオープンな風土に対して、大企業が孤立主義をとるルート128は衰退していったという。

ルート128→シリコンバレーときてそのあとは？　イスラエル・インド・ベルリンなどに将来の動向の可能性があるようだ。

人生は、「長生き」だけではなく「太生き」も

「太生き」は新語である。つい先日出版された金沢一平著『30代～50代のための太生きのすすめ』（幻冬舎、２０２３）で知って、大いに気に入った言葉だ。金沢一平氏は糖尿病と骨の医学博士で、インターネット（脚注①）でも太生きについて興味深い話を書かれている。私が言いたかったのは、まさに人生を太く生きるにはどうしたらいいかということなのだ。

もう一つ私が気になっている言葉に「タテ型社会の人間」と「ヨコ型社会の人間」というのがある。（近藤勝重『60歳からの文章入門』（幻冬舎、２０２３）。組織の一員として周りに自分を合わせるのと、転職や引退で環境が変わることで自分の個性を活かすようになるという対比だ。組織の中で過去―現在―未来の人生を考えるのを「タテ型」とすると、横の広がりである労働環境の変化に合わせて考えるのは「ヨコ型」になる。どのような環境に

あってもなるべく「ヨコ型」でいてほしい。

私がこの本を執筆するに至った主な動機は、日本の若いみなさんに対して、一度は海外に出て他国の人々がどのような将来像を抱いているのかを直接見聞する機会を持っていただき、ご自分もより自由な人生を築くことを促すことである。機会はいろいろあるだろうが、都立国際高校（脚注②）というのも一つの方法であろう。都立国際高校は、帰国子女や在日外国人も多く、日本に居ながらにして国際的な教育環境に触れることができる。言語も英語だけでなく、ドイツ語、フランス語、スペイン語などの欧米の言語から、ハングル、中国語などアジア系のクラスもあるそうだ。さらに、日本文化と伝統芸能、日本の伝統武術の科目もある。

多くの若者が新たな視野を得るために海外に飛び出すこと、また、ほかにどのような新しい可能性があるか学ぶことで、自らの人生をより柔軟に設計してほしいと、私は心

① https://kanazawa-doc.com/2021/12/29/
② https://kokusai-h.metro.ed.jp/

から望む。こうした経験を通じて、新たな学びや気づきを得る喜びを感じることができるだろう。

私の経験上アメリカでは、空間的にいうと人と同じでないこと、時間的にいうとこれまでのやり方と違っていることが重視される傾向がある。周りの人や過去の前例と同じであることを重視する日本と反対である。日本にしばらく暮らしていると、アメリカのこのような姿勢はまことにいいことだと私も思うようになった。

ライフシフトとは

「ライフシフト」という言葉は、ロンドン・ビジネススクールの教授リンダ・グラットンとアンドリュー・スコットが共著『LIFE SHIFT　100年時代の人生戦略』(2016)、『LIFE SHIFT2　100年時代の行動戦略』(2021、ともに東洋経済新報社)で使って有名になった。

「人生100年時代」になると、「教育→仕事→引退」と進む従来の3段階（スリーステージ）人生モデルとはまったく異なり、柔軟な多段階（マルチステージ）人生モデルが求められてくるのがライフシフトの主要な原因だと彼らは主張した。

しかし、もしも現在の生き方が十分に満足なものだったら、寿命が少々延びたくらいで、他の生き方に変えようと思うだろうか。私は疑問に思う。他にもっと大きな原因があるのではないかと、自分の経験から考えている。この本では、そのことをお話ししたい。

ライフシフトの本当の原因は、長寿化という「時間的な原因」より、この本の主題になるが、技術的な進歩による労働環境の変化という「空間的な原因」の方が大きいと私は考えている。

若者よ、人生は捨てたものではないぞ！

用語について

この本では、「人生設計」という言葉を、人生の職業的・家庭的な面を考えるという意味で使っている。しかし、英語で「ライフプラン」とか「ライフプランニング」というと、主として引退後の生活資金のような経済的な将来計画の意味となり、保険会社などが使うことが多い。本書では、そのような意味はない。

目次

第八章　人生計画と産業革命　124

第一章　私と長男のこと

私自身のこと

すでに前著に詳しく書いたが、ここでは次の段階への準備を、いつ、どのようにしていたかということを中心に、私のこれまでの人生を説明しよう。

【高校から大学へ】 東京教育大学（現筑波大学）付属駒場中学・高校の男子校で6年を過ごし、大学受験に臨んだ。大学での進路が決まらず、1年目（法学部志望）・2年目（工学部志望）・3年目（理学部志望）と受験して、計2年浪人。この経験で私が学んだことは、人生急ぐことはない。本当にしたいことをしようということだった。

そこで、教養学部の2年間で次に進む分野を考えて、理学部地学科に決めた。これは高校の理科の一つで地学を選び、結晶の対称を数学的に扱うことに大いに興味を持ったからだ。

東大理系の入学試験の理科は、物理・化学・生物・地学から2科目選択することになっていて、私は物理と地学で受けた。地学は他の3科目に比べて選ぶ人数が極端に少ないので、試験の難易度がかなり低いという印象を私は持っていた。

進路決定に関しては、教養学部時代の担任・中村純二先生からもいろいろ助言をいただいた。先生は、オーロラの研究のため南極で何度か越冬されたこともある超高層大気物理学者である。

最終的には、3年から理学部地学科鉱物学教室で、X線結晶学・鉱物学を選考した。学士課程のあと同じ鉱物教室の修士課程に進学した。

【将来のことを考えて渡米を実行】 そのまま博士課程に進むのが普通だろうが、ここで私は考えた。明確な講座制を取っている学科なので、ここで学位を取ると、教授・助教授・講師・助手という序列の末席で、常にチームの一人としての立場しかないだろう。私は自分のしたいことを自分のペースでしたい。そのために、博士号は米国で取って、米国で研究生活を送ろうと考えた。

しかし、教室主任の教授からは大反対された。私は、もう東大にはこだわらず、米国に留学する決心をした。行く先の大学としては、MITかCaltech（それぞれの大学については後述）の可能性も考えたが、結局ハーバード（Harvard）大学にした。東大で修士号を3月に取って、4月のはじめに渡米した。1968年のことだった。

この年、日本では大学紛争が起こり、東大の安田講堂が学生に占拠され、警視庁機動隊が学内に出動、その後全学封鎖にまで発展した。一方、渡米した私は、その年の秋からハーバードの地学科でこれまでと同じX線結晶学・鉱物学で博士号を目指した。幸運なことに、まったく学園紛争などには関係なく、私は学習・研究生活を続けることができた。そして、それ以来40年近く米国に住むことになった。

【ハーバードでの研究生活、そして結婚】私の一生で、これほど集中して勉強したことはない。大学のすぐ近くに見つけた下宿には寝に帰るだけで、ほとんどの時間を研究室で過ごした。

それぞれの研究室の学生の机は指導教官の部屋の向かいにあったので、ほとんど毎日教官と喋る。日本では、指導教官と話すのは1学期に数回だったから、大違いである。自分の勉強に加えて、まだ30代半ばの若い准教授のティーチング・アシスタントやリサーチ・アシスタントもして、私は本当にいい経験をすることができた。経験だけでなく、十分な経済的な報酬ももらった。

2年目の終わりに博士論文の研究を始めるための予備試験に合格。学業に目途がついたので、次の計画を実行することにした。私はケンブリッジから、相手は東京から出発し、ロサンゼルスで合流して結婚。3年目から大学の夫婦寮で新しい生活を始めた。これで研究室で過ごす時間が少し減った。

【論文の課題と卒業準備】 東大では学士論文も修士論文も自分で決めたテーマでなく、教室で決まった研究の一つを割り当てられたが、ハーバードでは自分からやりたいことをいくつか挙げて、指導教官と話しあった。私は単なる結晶構造解析だけではなく、その結果を使って構造エネルギーの計算をすることにした。しかし、そのためにはかなり複雑なコンピュータプログラムを開発しなければならない。

3年目が終わる頃だったと思うが、指導教官から、いまやっていることを論文にしてあと1年で卒業しろと勧められた。博士課程にかかる期間は5～6年が普通で、7年という人もあった。4年というのは聞いたことがなかった。

論文に書く材料はいろいろあった。ワープロなどというものはなかったので、IBM

Selectricという電動タイプライターを購入。そして途中原稿も最終稿も、全部タイプしてくれたのは新婚早々の妻だった。タイプライターなどそれまで触ったこともなかっただろうに、よくやってくれたものだ。

【卒業後の準備】 日本と違い、卒業後のことについても指導教官がどこに行けなどと言うことはない。自分で探さないといけない。私の学会デビューは大学院3年目と4年目の間の夏、マサチューセッツ州南部のマーサズビンヤードという島であった岩石の結晶化学会議（Conference on Petrologic Crystal Chemistry）であった。この会議で私が発表した研究は、翌1972年アメリカ地球物理学会誌に掲載された。これが私の処女論文であった。

この会議で指導教授は、鉱物の結晶化学の分野での主な研究者に私を紹介してくれた。それまで名前しか知らなかった研究者と実際に話をすることができた。そしてその中の一人で、以前から尊敬していたカーネギー研究所地球物理学実験所の結晶学者と意気投合。二人ともコンピュータプログラミングが好きだという点も一致した。

【ハーバード卒業とポスドク】 翌年の6月、大学院終了と同時に、この人の研究室にポストドクトラルフェローとして行くことになって、ボストンからワシントン市に引っ越した。

学位論文の最終版は、ポスドクになってから大学に提出して受理され、正式には次の年の卒業式に証書が出た。ガウンを着て帽子を被って記念写真を撮る卒業式だ。しかし、私はそんな儀式にはまったく興味がなかったので、ワシントンからボストンに行く気にはならずに欠席。証書はあとで郵便で送られてきた。

カーネギー研究所地球物理学実験所では、実験、計算、論文書きと人生を楽しんだ。義務はまったくなく、自分の好きなことに好きなだけ時間をかけられる。この研究所には、結局4年も滞在し、最後の年は臨時研究員になった。次の転職先として、NASAのジョンソン宇宙センターにある月試料研究所とペンシルベニア大学から申し出があったが、教育に関心があったので後者にした。

【ペンシルベニア大学】 フィラデルフィアにあるペンシルベニア大学の地学科で、教育と研究に携わる。科学研究費の申請も通り、実験器具もいろいろ購入できた。ここまでは順調に自分の人生計画通りであった。しかし、大学で助教授として7年ほど教え、40歳になるときに人生航路を大きく変えることになった。そうなった理由は?

まず鉱物学というと、標本片手にという想像をなさるかもしれないが、私の関心はX線で決めた結晶構造を使ってエネルギー計算をしたり、結晶構造を理解するために可視化を図ったりと、コンピュータの利用が欠かせない。研究結果を自分だけでなく他の人も対話的に検証できるコンピュータシステムを開発したいという方向に変わってきたためである。

ちょうどマイクロコンピュータが出てきた頃で、自分でシステムを組み立てることができるのも魅力だった。

【大学から企業へ】 そこでチャンスがあったので、石油会社の中央研究所に転職した。ここではそれまでのマイクロコンピュータシステム開発の経験が役に立って、ボアホール（地面に垂直にボーリングで空けた穴）の外壁の超音波画像から地質構造がわかるように、インタラクティブな画像システムを開発した。それには、中型コンピュータのPDP11やMicroVAXを使った。そのシステムをトラックに載せ、現場でボアホール内部のイメージを検証できるようにした。

この研究所で8年近く手応えのある時間を過ごした。その間、画像処理の講習会や線形計画法の大学の夜間コースに参加した。ともに、研究所は必要経費として支援してくれた。

【ベンチャー企業へ】　しかし、石油産業の衰退という経済環境の変化もあり、50代に入ってからだが、石油産業の未来には見切りをつけた。そこでベンチャー企業への転職を実行。20年ぶりにボストンに戻った。

その新しい会社コグネックス（Cognex）は、工科大学ＭＩＴの講師と2人の大学院の学生の3人で始めたベンチャーで、画像処理システム開発を目的にしていた。私が入社したのは設立してから10年ちょっとの頃で、社員数は１００人を少し超えたくらいであった（２０２２年末で世界中で社員数は２４００名になっているという）。

今度は売る商品として、半導体製造装置や検査装置のための画像解析ソフトウエアシステムを開発。引退まで12年、その会社のボストン本社に勤務し、日本の企業との共同開発や、ソフトウエア・ライセンスの大量売り込みに寄与することもできた。コグネックスのビジネスについては、あとの章で説明する。

振り返ってみると、鉱物結晶の学術研究から始まり、大きな石油会社で地質構造の可視化、次には小さなベンチャー企業で半導体製造装置用画像認識システムの開発へと変わってきた。言い換えると、基本は2次元・3次元構造の可視化であるが、産業環境の変化にその関心対象を合わせて転職していたといえるだろう。

【退職して日本に帰国】 定年退職して日本に帰国してからは、技術開発だけでなく、それをどのようにビジネスに活かして商売にしていくべきか、ビジョンシステムの技術経営へと発展してきた。そこで『マシンビジョンビジネスのためのＭＯＴ（技術経営）』（産業開発機構、２００６）を上梓した。

非常勤ではあったが、マーケティングの会社を通じて、いくつかの会社の社外取締役や技術顧問を務めた。また、異業種交流会を開催したり、マーケティング講習会をしたりして、人と人のつながりの重要性を説いた。

【終活開始】 60代後半から70代にかけ、ビジネス関係の活動はすべてやめ、自分の趣味のための時間を大幅に増やした。ダンス、旅行、篆刻《てんこく》、木彫、焼き絵、鉛筆画などに没頭。70歳を過ぎてからは、旅行記・エッセイなどの冊子づくりを楽しむ。その一方で、マンションや地域図書館などのコミュニティー活動に携わった。80代に入り、自分史をまとめるためにこの新書のプロジェクトを始めた。

長男のこと

私には子供が3人いる。長男の晶は1973（昭和48）年に生まれ、すでに50代に入っている。長男の誕生当時、我々は米国の首都ワシントンDC（コロンビア特別区District of Columbia）に住んでいた。

以後私の転職に伴って、メリーランド・ペンシルベニア・テキサス・マサチューセッツと、家族はいろいろな州を転々と引っ越した。長男は、小学校はペンシルベニア州のフィラデルフィア市で、中学・高校はテキサス州ダラス郊外であった。高校を卒業してテキサス州立大学のオースティン校に入学したときに、休みに里帰りで帰宅することはあったが、親からは独立した。テキサス州立大学システムでは8つの大学が州に分散している。オースティンにあるのが本校で、現時点で学部生と大学院生合わせて5万人の学生と3000人の教職員がいるマンモス大学である。

長男は建築学部建築専攻と工学部建築工学専攻の合同プログラムに進んだ。6年で両方の勉強ができる。話を聞くと、建築の方はたいへん創造的で、一晩中スタジオでみんなと模型を作ったり図面を描いたりで、とても楽しい時間を過ごすことができたそうだ。空間とか照明がどれくらい人間に影響するか考えたこともなかったので、とても勉強になったということだった。いまでもこの右脳の訓練はたいへん役に立ったと言っている。

一方、建築工学は数学と化学の勉強で、本当に論理的に考え、そして必ず答えがある問題ばかりだったという。どっちもなかなか難しい専攻で両方できる人は少なかったので、比較的うまく学習できたことは、彼としては一つの誇りに感じていたという。

卒業して初めて就職したのは、サンフランシスコの建築会社だった。大学のあったオースティンとサンフランシスコの人口を比べると、いまでこそややオースティンの方が多いくらいだ（2020年オースティン96万人、サンフランシスコ87万人）。しかし当時はサンフランシスコの方が一倍半くらい大きい都市であった（1990年、オースティン46万人、サンフランシスコ72万人）。ビジネスからすると、さらに差は大きかっただろう。

大都会の小さな会社だったが、若者と幹部との関係も悪くなかった。創業者夫婦は中国人だったので、同じ東洋人として優しくいろいろと教えてもらった。そういう意味では楽しかった、と長男は言う。そこで出会った同い年の建築家とはいまでも仲がいいし、たまたま近所に住んでいるので商店街などで時々会う。息子の嫁も両親は香港出身で中国語ができるため、二人は広東語で話すくらい親しい。

とはいえ、仕事はあまり面白いものではなかった。トイレとか階段、それに押入れの設計とか、学校で学んだことはほとんど使う機会がなく、自分のようなせっかちな性格には合わないなとすぐ認識したらしい。建築の業界はまだ親方と見習いといった師弟関係が強く、徒弟制度のようだったので、長いこと単調で辛い仕事が続きそうで、自分は我慢できないと思ったという。もっとスピードが速いスタートアップ業界に移ることに決めた。

2年ほどで建築は自分のこれからの目標ではないと見切りをつけ、ちょうどその頃出てきたインターネットのビジネスに転向。インタラクティブ広告とオフライン広告などの営業の仕事だった。入社してすぐ「これだ！」と思ったそうだ。やはり、変化や結果が出る速さはこっちの方が合っていたのだろう。さらに入社して間もなく、新規株式公開まで経験するという幸運にも恵まれた。一度そのような現実を目の当たりにして、よし、もう少し本格的にビジネスについて勉強した方がいいと痛感して大学に戻ることにした。といっても、今度はビジネススクール。カーネギー・メロン大学（Carnegie Mellon University）でMBA（経営学修士）を取ろうと決めた。

さらに、単なるビジネスというだけではなく、日本人であるという要素を自分の強みにすることを決心して、準備をする。MBAを取った後、しばらくアメリカで働いてからいよいよ来日。そのしばらく前に引退して日本に戻っていた私たち両親と一緒になった。かつて、私の母とその弟である叔父が住んでいた二世帯住宅で暮らし、のちに結婚することになるカーネギー・メロン時代のクラスメートも一緒に来日した。

日本の学校に通ったことがなかったにしては、もともと日本語にはそれほど問題はなかったが、この日本にいた間に、長男の日本語力は格段に進歩した。勤めていた会社が、特別にビジネス敬語の講師をつけてくれたりして、人との交渉やビジネスプレゼンテーションなどでも完全にバイリンガルになった。その間、いろいろな会社で人脈を作り、日本式ビジネスの仕方を覚えること5年。アメリカに戻ることにした。

日本進出をしたいというニューヨークの企業に入ったが、上層部の意思決定の遅さを体験して、1年で転職を決める。ニューヨークからサンフランシスコへ移動、いよいよ本格的な落ち着き先として、パロアルト研究所を選んだ。この研究所はゼロックス（Xerox）傘下の研究開発機関である。ただし、日本関係の仕事という約束で、入社してからは実際にほとんど毎月か隔月くらいで日本への出張があった。

短くＰＡＲＣ（Palo Alto Research Center）と呼ばれることも多いこの研究所は、実はパソコンの基礎技術の生まれたところである。例えば、マウスの技術・デスクトップのアイコン表示・イーサネット・レーザープリンタなど。それってAppleやマイクロソフトではないの、と言われるかもしれない。Appleやマイクロソフトが、ＰＡＲＣ発の技術を実用化したのである。この（いい意味でも、あまり芳しくない意味でも）有名な研究所については、後の章で詳述する。

10年余りＰＡＲＣで過ごしてから、いまはエヴォリューション・ベンチャーキャピタル(Evolution VC）という会社の副社長として、新しいビジネスの創出活動をしている。支援を行っている例では、「売らない店」のビジネスモデル（脚注③）を展開する「ベータ(b8ta)」の日本進出がある。また、資金の出資元として横浜銀行・丸井グループ・カインズなどもあって、ここでも米国にベースを置きながら日本との関係が深い。

③ https://ferret-plus.com/19612

長男も私と同じで長い付き合いの友人がいる。仕事関係では、ビジネス・スクールで仲良くなった日本からの留学生もその一人である。長男が日本にいた時期の後半では、帰国していた彼と一緒に仕事をしていたし、最近聞くといまやっているエヴォリューション・ベンチャーキャピタルの日本側の仕事を、また彼に頼んでいるという。二人は20年以上の付き合いになる。

［新しいことと古いこと］　長男の話を聞いていて、思い出したことがある。私が大学の2年生のときだが、図学というコースを取ったことがあった。これは製図をしながら3次元を2次元に投影するという学習で、画法幾何学と呼ばれることもある。工学部の建築や機械科の学生が多く、地学科で取ったのは私だけだった。結晶構造の2次元投影に参考になると思ったからであった。

いまはもう、烏口《からすぐち》などという描画用具を知らない人も多いだろうが、烏口は線の幅が調節でき、黒いインクで太さの違った綺麗な線を引くことができる。三角定規とコンパスでいろいろな方向に投影した図を紙の上の作図でできるという、ちょっと手品のような面もある。

しかし、私は3次元の座標から任意の方向に投影したときの2次元座標を計算するプログラムを自分で作っていたので、紙の上で苦労して作図する必要は感じなかった。プロッターにつなげば投影図ができる。すでに現在はCAD／CAM（コンピュータ支援設計などと訳されることもあるが）や3Dプリンターなども出てきた時代なので、図学などというコースはもうなくなりつつあるのではないかと思う。

なぜこんなことを書いたかというと、ちょうど長男が建築会社に入った頃、たぶん年配の人たちは手で描く製図を、若い人はCAD／CAMを使ってやっているのではないかと想像するからである。そんなジェネレーション・ギャップが想像される時代であった。

第二章　会ったことのなかった人たちの存在感

私は、父にも父方の祖父にも会ったことがない。本人たちに会ったことがないというだけでなく、父方・大橋家はずっとロサンゼルスにいたので、私は20代半ばまで手紙だけのやりとりで、直接の接触はなかった。私が育ったのは、東京都杉並区の母の実家・町田家であった。それだからこそ一層、私の中では自分が存在することの証しとして、またこれから先の生き方の道しるべとして、会ったことのない父や祖父の存在は大きな役割を果たしている。

祖父・大橋廓道《かくどう》（1887〜1952）のこと

祖父について、インターネットで検索してみた。二つ文献が見つかった。

大橋廓道著『明治大正御聖徳』

現代仏教家人名辞典

それぞれ、1913年と1917年の出版である。検索を続けたら、ともに国会図書館にマイクロフィルムがあることが判明。そうか、行けば見ることができるのだろうか。さらにインターネットで調べていたら、人名辞典の方はオンラインで閲覧できたので、祖父の項を書き写しておく。

大橋廓道（オホハシ　カクダウ）

師は奈良県高市郡船倉村松山、浄土宗天然寺住職。大僧都、輔教、嗣講。明治十年尾張国に生る。二十八年浄土宗大阪教校卒業。其年秋総本山知恩院に於て伝宗伝戒。三十二年高等学院卒業。三十五年更に専門学院を卒業す。四十一年当山住職拝命。

インターネットで調べると、浄土宗天然寺は現在、奈良県高市郡高取町松山にあるという。連絡してみたが、返信はなかった。

著書の方はインターネットでは見ることができない。いよいよ国会図書館まで行かないといけないいか――。まずどうしたらいいか、地元の図書館に相談に行った。

司書の方がサササーッと検索して、ここで読めますよと図書館のコンピュータ端末で表示してくれた。これは、多摩市の図書館と国会図書館のサービス連携のおかげだ。個人のコンピュータからは読むことができない。

本の内容は、明治天皇と大正天皇ご一家の和歌などの話で興味がないが、祖父がしていたことがわかったという点では発見であった。奥付の情報は、

「著作者　文學士　大橋廓道　大正二年　神洲皇學舘発行」

そうか、ボクのオジイさんはボウズだったのか。それがどうして、僧侶を廃業してアメリカに移住したのだろう。

戸籍を調べてみた。大橋家の本籍はいまは東京にあるが、以前は奈良県にあった。奈良の小さな市の市役所市民課に問い合わせ、使用目的は家系図作成として、古い戸籍の写しを送ってもらう。

戸籍によると、私の祖父（廓道）は曽祖父（麟郭）の養子。愛知県（現在の愛西市）の実家では次男として生まれ、そこから奈良県（現在の御所市）のお寺の跡継ぎに入っている。そこで住職になるべく教育を受けた。先の人名辞典によると、祖父は１９０８（明治41）年に奈良県の浄土宗天然寺の住職になっている。

私が母から聞いていた話によると、祖父はある時期僧侶としての研修のため大阪にいた。

その時下宿したのが、祖母（フサ、旧姓 葛和）の実家。八百屋か何か、商売をやっていたそうだ。二階に下宿していた学生とその家の娘が一緒になったというわけで、1910（明治43）年に婚姻届が出ている。祖母の弟である葛和さんは日本にいらしたので、私が引退して日本に帰国してからだったが、一度お目にかかってお話ししたことがあった。母から聞いていた話は本当のようだった。

祖父のあとにもう一人、祖父より10歳下の養子が入っている。戸籍には「養弟」とある。その人が寺を継ぎ、祖父は寺から追い出されたのだろう。それできっと祖父は考えたのだと思う。この国ではなく、異国アメリカで一旗揚げてやろうではないかと——。祖父は、父が生まれて5ヶ月ほどして、35歳のとき、妻子を残して一人で渡米。その5年後、祖母と父とを呼び寄せている。父、5歳のときである。

次のことは、新聞でわかった。

祖父はロサンゼルスに長く住み、そこで亡くなった。当時は1世も多く、

前戸主	大橋麟郭	
戸主	(麟郭養子) 大橋廓道	明治10年10月3日生
養弟	大橋郭静	明治20年11月1日生

日本語の新聞の需要もあったのだろう。ロサンゼルスには、加州毎日新聞と羅府新報というのがあった。ともにマイクロフィルムがあることがわかったので、国会図書館に行ってみた。予め郵便で利用者登録をして、返事が来てから実際に図書館新規受付窓口に行って、登録利用者カードを発行してもらった。これがないと、国会図書館では何もできないのだ。

これらの日本語新聞に、土地の名士祖父の記事もあるはずだ。羅府新報を調べたら、祖父の死亡記事が、亡くなった翌日の号に出ていた。また、通夜と告別式の案内はその二日後に出ていた。この案内には、私の母と私も含めて親族・友人・団体名など、21人の名前が出ている。両方の記事のコピーを頼んだ。

僧侶であった祖父が、なぜ米国に移民したのか、そしてそこで何をしていたのか知りたい。人聞きで確認はしていないが、メキシコの銀山開発にも関わっていたという。それで末娘の名前は、「銀子」と書いて、カネコと読む。

さらに、戦争中の日系人の強制収容所マンザナーの公式記録では、祖父の職業として営業・保険・株式・債券とあるからなんでもやっていたのだろう。また収容所でも、日系2世、3世の日本語教育にも携わっていたらしい。自分の子供たちの立派な日本語も父親の影響だったのだろう。

父・大橋慶夫《よしお》George（1912～1942）のこと

息子は父親を、娘は母親を、いい意味でもあまりよくない意味でも、自分の将来を考えるときの基準にしていることが多い。

私は父のことを知らない。私が1歳の時、父はビルマ（現在はミャンマー）で戦死した。父が出征してから、私は母の実家で育った。父方の家族はみなロサンゼルスにいたので、私は成人するまで会ったことがなかった。父はアメリカで育ち、大学を出てからその後日本に来て、母と結婚して私が生まれた。私の周りには、私の父が米国にいた頃のことを知っている人はほとんどいなかった。

母から聞くだけで、あまり父のことを知らないだけに、むしろ自分も父と同じような生き方をしたいという思いは強く、少年時代は、よしいつか米国に渡って父と同じ大学に行きたいと思っていた。

私の父は、父親（私の祖父）の渡米に遅れること5年、母親と一緒に渡米して、親子3

人合流。その時、父は5歳。その後、妹が2人生まれた。したがって、父は日系1世であるが、叔母ふたりは2世である。家族5人、大橋家一族はロサンゼルスで暮らす。

父は、1936年にロサンゼルスの郊外、パサデナ（Pasadena）というところにあるカリフォルニア工科大学を卒業している。California Institute of Technologyを省略して、通称Caltechと呼ばれている。そこの電気工学科を卒業した技術者であった。卒業記念アルバムには、トランプのブリッジの名手とある。

卒業後、両親や妹たちと別れて日本に単身帰国する。したがって、父は5歳から20代半ばまでアメリカにいたことになる。

日本に来てから、大日本帝国の国策会社・南洋興発に入社した。父と母は見合い結婚である。1940（昭和15）年、結婚。翌1941（昭和16）年に長男として、私・慶一《よしかず》が誕生する。その年の末、父出征。そして翌1942（昭和17）年、ビルマ（いまのミャンマー）で戦死。父と母が人生を共にしたのは、この3年しかない。一緒に暮らしたのは実質2年。

母親によると、日本語の会話は普通で、読み書きも一応はできたということだった。「でも、おかしいのよ。カタカナ語を和語で言おうとして、アコーディオンを手風琴《てふうきん》なんて呼んだりして」と笑っていた。

Caltechについては、大学についての章で述べるとして、ここでは南洋興発について調べてみた。満州を拠点とした南満州鉄道、満鉄に対して、サイパン島・テニアン島などの南洋諸島を舞台に発展した南洋興発は「海の満鉄」と呼ばれる、とインターネットに出ていた。「北の満鉄、南の南興」と言われたこともあるそうだ。満鉄は知っていたが、南興は知らなかった。父が就職した頃、南洋興発はパイナップルの缶詰工場や澱粉精製の工場を建設していたそうだから、電気工学の知識も役に立っていたのかもしれない。南洋興発は、日本の委任統治の島だけでなく、オランダ領のニューギニア島・セレベス島・ティモール島などに進出したそうだ。太平洋戦争でさらに、海南島・グアム島・ジャワ島に関与する。

母の文箱《ふばこ》の中に、父が出征後戦地から母宛てに出した葉書10通余りと、父の戦死の9ヶ月後、その部隊から送られてきた書簡が見つかった。葉書の差出人は1941（昭和16）年9月22日から1942（昭和17）年2月23日までは、茨城県東茨城郡長岡村東部百参部隊山中隊堀田班・大橋慶夫で、それ以降は日付はないが、南方派遣高1863部隊斉田隊・大橋慶夫からとあった。

父親の肉筆を見たのはこれがはじめてであった。あまり達筆とはいえないが、文章も漢字も、小学校から大学までロサンゼルスで育ち、日本の学校にまったく行ったことがないにしてはたいしたものだと感心した。日本語は父にとって外国語ではないにしても、二番目の言語だ。祖父・廓道の教育の成果だろう。祖父は元僧職にあった人だから、さもありなんと納得。私の留学の際、身元引受人になってくれた叔母（父の妹）も米国生まれ米国育ちであったが、日本語は会話だけなく読み書きも驚くほど達者だった。

父のことを思うとき、決まって自分のアイデンティティーについてはどう考えていたのだろうか思いをめぐらす。アメリカで育ちながら、日本の陸軍に入隊して、対米でこそなかったが英国との戦闘で戦死——。

戦死した場所メイクテイラ（またはメークテイラ　Meiktila）をインターネットで検索すると結構出てくる。戦記の類である。戦争初期の頃だけでなく、終戦の前年のインパール作戦に関連しても、激戦地として言及されている。

父が戦死した昭和17年10月はまだ戦況もそれほど悪化していなくて、遺骨はむろん、遺留品もすべて戻ってきた。亡くなったときに身につけていた懐中時計や、それについていた卒業大学のキーホルダーがあったのを記憶している。

祖母・大橋フサ（旧姓葛和、1891〜1958）のこと

生まれたばかりの私を父の次に抱いてくれたのは、この祖母フサだった。1941（昭和16）年に、初孫に会いにアメリカから来てくれたのである。そして、アメリカへの帰国は、太平洋戦争の始まるわずか2ヶ月前、その年の10月のことだった。

先にも書いたように、僧職であった祖父・廓道が人生を変えるために渡米した原因は、下宿先の娘だった祖母との間に、私の父が生まれたことにあると言われている。その後、祖父・祖母ともに人生の後半40年をアメリカで過ごしている。

叔母・蔵田芳枝 Mary（1919〜1982）のこと

父には、妹が二人いた。ともに米国生まれの日系2世である。私がはじめて会った父の家族は、その叔母の一人・蔵田芳枝であった。手紙の交換はだいぶ長いことしていたが、

私が20代前半のとき、ロサンゼルスから東京に会いに来てくれた。その叔母も、日本に来たのはそのときがはじめてだった。

夏休みだったが、10日か2週間ほど東京のいろいろなところを一緒に歩いた。私の父が葬られている多磨霊園はむろん、銀座などの繁華街、それに浅草、夜の吉原への観光バスまで——。この東京訪問は一種の面接試験のような感じで、別れるときには「あなたがアメリカに来るのだったら、協力してあげる」ということになった。私が修士号を取ってすぐ留学できたのはこの叔母のおかげである。

まだ、１ドルが３６０円の時代である。叔母は飛行機の切符も送ってくれたし、何より私の身元引受人になってくれて、おかげでビザや滞在許可も問題なく出た。ハーバード大学からは生活のための奨学金として、年に５０００ドルほど出ることになっていたが、外国からの留学生は1年目は授業料が免除にならないということだった。それで、授業料はこの叔母が出してくれた。当時のお金で、2万ドル。大金だ。戦死した兄の一人息子である甥の私に、叔母はここまでしてくれたわけだ。ただ、2年目・3年目はティーチングアシスタントで、4年目はリサーチアシスタントで、授業料は全額免除になった。生活費は、学生結婚をしたあとも、二人が生活していくのには奨学金で十分だった。したがって2年目以降は、経済的には叔母の世話にならないで済んだ。

もうひとつ、その叔母にしてもらったことに結婚式がある。ハーバード大学の2年が終わってから、私はボストンから、妻は東京から出発し、ロサンゼルスで合流して、叔母の世話で結婚式ができた。東京にいた我々二人の母親は列席できなかったが、叔母二人のところには合わせて13人の子供、私にとってのいとこがいた。それに、義理の叔父、父の昔の友人など、多くの人に祝福された結婚式になった。芳枝叔母のおかげである。

叔母・松本銀子《かねこ》 Rose（1924〜2012）のこと

芳江叔母夫婦は、二人とも割と早く亡くなってしまって、そのあとは下の銀子叔母夫婦との付き合いが続いた。私の娘のスタンフォード大学の卒業式には、近いからとロサンゼルスから来てくれたし、娘がハワイのカウアイ島で結婚式を挙げたときも、銀子叔母夫婦、それにその長女のクリスティー夫婦も来てくれて、みんな一緒のバケーションのようになった。日系2世の叔母たちと、妻や私は日本語で喋っていたが、その子供同士はもう完全に英語である。

銀子叔母夫婦は比較的長生きしたので、その後も我々がロサンゼルスに行ったり、彼らがボストンまで来てくれたりと、付き合いが続いた。ボストンに来てくれたときは、アメリカの北東部、ニューイングランド地方を一緒に旅行して楽しかった。

二人の叔母は、本当にいい人たちであった。そして、不思議なことに、その叔母のところの子供たちと我が家の子供たち、「いとこの子」(「はとこ」で六親等)同士になるが、彼らはいまアメリカで結構親しく付き合っている。長男や娘はサンフランシスコに住んでいて、いとこの子はロサンゼルスに多く、比較的近いおかげもあって、休みにはお互いに行ったり来たりしているらしい。また、ニューヨークにいる次男が、西部の山岳地域のワイオミングにいるいとこの子と連絡しあっているのは、やはり「親戚」の意識があるからだろうか。

先祖・ルーツ調べのサービス

アメリカには戸籍がない。しかし、いろいろな他の記録から、家系図を作ってくれるインターネットのサイトがある。My Heritage（私の先祖）という有料サービスを使って、祖父や父、それに叔母たちの記録を探してもらった。このサービスの利点は、持っている膨大なデータベースである。国勢調査・結婚届・出生届・死亡届・厚生年金記録・入国船の乗船名簿など。

まず、祖父母や父の米国への入国記録を見てみよう（表参照）。デジタルな記録だけでなく、日本からの船が入港したときの手書きの記録の写真も送ってくれた。それによると、祖父は、1913（大正2）年10月8日に、愛知県から阿波丸という船でシアトルに着いている。そして、父と祖母フサはその5年後、1918（大正7）年2月17日に神戸港から天龍丸でサンフランシスコに入港。

祖母の二度目の米国への入国は、1941（昭和16）年10月30日。大阪から出た龍田丸で、サンフランシスコ入港とある。これは、祖母だけがこの年の6月に生まれた初孫の私に会いに来日したときの帰りで、戦争の始まるほんの1ヶ月ほど前である。この話は、母から聞いていた。

龍田丸は日本郵船所有の貨客船。三菱重工業長崎造船所で建造され

祖父母、父のアメリカ入国記録　（My Heritage で探索）

氏名	入国 年月日	船名	入港地名	出港地名
廓道(祖父)	1913.10.8	阿波丸	シアトル	愛知
フサ(祖母) 慶夫(父)	1918. 2.17	天龍丸	サンフランシスコ	神戸
フサ(祖母)	1941.10.30	龍田丸	サンフランシスコ	大阪

1930年に就航、1943年2月8日夜、米潜水艦の雷撃により御蔵島（伊豆諸島）東方海域で撃沈されたとのこと。

入国記録、国勢調査ともに100年ほど前の記録だが、こんなのが出典のコピー付きで送られてくるのである。それに加え、徴兵検査や戦争中の日系人の強制収容キャンプの記録などが見つかった。

検索ができるようにするためには、デジタル化しないといけない。この手書きの筆記体のような字では、OCR（光学文字認識）もできないだろうに、My Heritageではどうやっているのだろうか。

そして、いまどきは、DNA遺伝子を使って、血縁関係も探索できるそうだ。そのためのDNA分析を数十ドル（日本円では、数千円程度）でやってくれるというので、試してみた。近いDNAの人を探してくれたが、英国や米国在住の日本人などで、意味のありそうな情報はなかった。

第三章　私を育ててくれた母方の親族

前にも書いたように、私は1歳のときに父を戦争で失った。もし母子だけの家庭だったら、住む家もなく、収入も母の洋裁の内職と父の軍人年金くらいで、到底私が考えていた将来を実現することは不可能だった。幸い、母の実家が杉並区永福町にあったので、我々はその母方の祖父母の家に身を寄せた。父方の家族はロサンゼルスにいたので、私が日本にいた20代半ばまで、経済的にも精神的にも一番私のことを庇護してくれたのは、母方の家族であった。

祖父・町田俊彦（1883〜1948）のこと

私の母方の祖父・町田俊彦は鹿児島出身。東京帝国大学林学部（後、農学部林学科になった）を卒業、農林省に入省。その後、南は鹿児島から北は青森まで、各地の営林所長を歴任。戦争中に定年を迎え、農林省から、静岡県富士市や富士宮市の複数の製紙会社の会長に天下りした。それで母と私は、祖父に伴って、富士宮市に転居。戦争中だったので、疎開とも言える。

一方、東京の杉並区永福町の家に残ったのは、祖母、叔父、叔母たち。多少は空襲の影響も受け、庭に焼夷弾が落ちたが、幸い家は焼けないで残った。永福町の家にいた頃、六角形の筒状の焼夷弾のケースを見たことや、庭に掘ってあった防空壕に避難したことを覚えている。防空頭巾を被ったときの耳の皮膚感覚も残っている。母と私が富士宮に移ってからは、東京に戻ることはあまりなかったが、祖父は仕事と私用を兼ね、東京と富士宮を頻繁に行き来していた。

その富士宮での話である。1945年8月15日、玉音放送があった。日本放送協会(NHK)を通じて、天皇が自ら日本の降伏を国民に知らせたラジオ放送である。「朕深ク世界ノ大勢ト帝國ノ現狀トニ鑑ミ非常ノ措置ヲ以テ時局ヲ收拾セムト欲シ茲ニ忠良ナル爾臣民ニ告ク(朕深く世界の大勢と帝国の現状とに鑑み非常の措置をもって時局を収拾せんと欲しここに忠良なる汝臣民に告ぐ)」で始まる放送は、日本全国に流された。しかし、電波の具合が悪かったことと、文語であること、さらに天皇独特の発音のため、放送を聴い

てすぐ理解した人は多くはなかったという。

富士宮市では電波の受信状況が特に悪かったようだ。何のことかわからないという声が多かった。その日の夜、東京から富士宮に戻ってきた祖父が私の母にそう話しているのを、4歳の私は横で聞いていた。私が理解したことは、一言で言って、要するに日本は負けたということだった。

翌朝、私は道の前にある縁台に座って、通りに向かって「日本負けた！　日本負けた！」と大声で知らせた。すぐに祖父が飛び出してきて家の中に連れ戻され、ひどく叱られた。ふだん、体罰などされたことはなかったが、そのとき私は頬をつねられた。

私の真意は、日本が負けたことを喜んだわけではなく、前日何のことだかわからないと言っていた人たちに、その事実を知らせようとしたのである。しかし祖父は、その私の気持ちを確かめることなく、いきなり叱った。それまでも、それからも、父を亡くし母だけになった初孫の私をこの上なく可愛がってくれたが、私はその時以来、愛情とは別の人間の限界のようなものを祖父に感じるようになった。4歳の子供と甘くみてはいけない。4歳は4歳なりに、自分の方が正しいという信念を持つことができるのである。

ずっと可愛がってくれた大好きな祖父であったが、私はそのとき個人的な感情とは別に、人間には限界があることを認識し、それぞれの人について自分自身の評価というものが存在することを感じるようになった。言い換えると、どんなに好きな人でも、嫌いな人でも、そういう感情とその人がどの程度の人かという認識は別物であるということだ。

【小学校入学】 私は富士宮で幼稚園に通ったが、小学校は東京の方がいいだろうということで、今度は私一人だけ永福町に戻り、祖母や叔父・叔母と暮らすことになった。富士宮には、祖父と母が残った。

どこの小学校に入れるかは、祖父の考えで決まった。はじめから、周りの子供たちが行く区立ではなく、私立と決めていたようだ。私が覚えているのは、杉並区大宮町にある高千穂小学校と吉祥寺にある成蹊小学校を祖父と二人で訪問したこと。高千穂では創立者の川田鐵彌《てつや》（1873～1959）先生が対応してくださって、祖父と意気投合。私は高千穂小学校に行くことになった。そのとき川田先生が、私に米国の珍しいキャンディーをくださったことを覚えている。当時、お菓子はまだあまり出回っていなかったのだと思う。

その祖父は、私が小学校1年生のときに亡くなった。父の戦死から私の小学校入学まで、一番世話になったのは、この祖父だった。私の人生が無事に始まりだしたのも、この祖父のおかげである。80歳を過ぎたいまでもその恩を感じている。ありがとう。

高千穂は、一時は西の学習院といわれたくらい有名だったらしいが、創立者・川田先生の引退後、小学・中学・高校と順次休校して、いまは大学しか残っていない。

小学校も確かクラスは一つしかなかった。そこでできた友達の妹が、将来自分の妻となるとは思いもよらなかった。やがてその友達は高千穂をやめた。そして、私も彼のあとを追うように、1学期遅れて高千穂から去った。二人が転校した先は世田谷区立松沢小学校。この小学校は1887(明治20)年に創立された歴史のある学校だ。

祖母・町田静子(戸籍名はシヅ、旧姓大野、1888~1963)のこと

祖父の影響を受けたのは6歳ぐらいまでだったが、祖母とは私が20歳を超えるまでずっと一緒に暮らしていた。したがって、母に次いで少年期に影響を受けたのはこの母方の祖母である。祖母と私は昼間はほとんど一緒にいたので、買い物に行ったり、ご飯

の支度をしたり……掃除、洗濯、料理、家事一般、すべて祖母から習った。
祖母も祖父と同じで、出身は鹿児島。鹿児島高女卒、頭脳明晰、意気軒昂、威勢のいいおばあさんだった。私はずいぶん言い合いもしたが、教えられたことも多かった。祖母の目が悪くなってからは、手紙など読むのはむろん、祖母が言うことを、中学生の私が聞きながら代筆したこともよくあった。
自分では文字を書かなくなってだいぶ経つのによく覚えていて、私がわからないと、「ほら、偏は何で、旁《つくり》は何よ」と、教えてくれる。偏や旁、冠や構えなど、部首の呼び方も祖母からずいぶん教えてもらった。リッシンベン（忄）、フルトリ（隹）、シカバネ（尸）、ハコガマエ（匚）、リットウ（刂）、ニクヅキ（月）など、説明もしてくれていまでも覚えている。祖母とは台所でもよく一緒に過ごした。見様見真似で料理を覚えたのも、母からよりも祖母からの方が多い。
小言も言われたし、それに口答えをしたりして反抗したこともよくあった。一度など、腹を立ててもうこんな家は出ていくと飛び出したこともあった。その前に、隣の区に住んでいる叔母に電話をして、おばあちゃまと喧嘩しちゃったから今夜泊めてと確認してからの家出だ。

しかし、翌朝は何事もなかったように帰宅して、前から約束してあった祖母の女学校の同窓会の事務的な手伝いをした。祖母が女学校仲間と懇親会を我が家でするときなど、料理の仕出しを頼んだり配膳したりするのは私の役目だった。みんなの話を録音することもした。そのようなわけで、祖母の知り合いの中でも私はいろいろな雑用を頼まれた。

思い返してみると、私にとっては祖母が母親のような感じで、実の母は優しい姉のように思っていたのかもしれない。

母・道子（戸籍名は道、1917〜1993）のこと

私の母親・道子は、町田俊彦と静子の次女として、1917（大正6）年に青森県下北郡大畑で生まれた。もともと俊彦も静子も鹿児島の出身。俊彦は帝国大学農学部林学科を出たあと農林省に入り、営林署の署長として日本中を回った。秋田、青森、福岡、鹿児島、大阪、高知、東京。

子供たちの出生地や行った学校を見るとよくわかる。

母は、父親の転勤に伴って転校に転校を重ねたらしいが、最終的には高知第一高等女学校を卒業。その後、東京家政学院で洋裁を学ぶ。1940年、大橋慶夫（1912～1942）と結婚。翌1941年、私が生まれた。慶夫はその年に召集を受け、翌年ビルマにて戦死。母はそのとき25歳。

【疎開】 母の父親・俊彦は林野庁を定年退職後、静岡県富士市や富士宮市の複数の製紙会社会長に天下りした。静子が東京の家に残り、俊彦、道子、そして私の三人が静岡県富士宮市に疎開した。

私の幼少の記憶は、富士宮市での祖父と母との生活から始まる。会長のお孫さんとしてときどき見せてもらったパルプ工場のことや、裏庭から毎日見ていた富士山の雄姿をはっきり覚えている。

終戦になっても、私は幼稚園を終えるまでは富士宮にいた。小学校入学で、祖父と母を富士宮に残して私だけ東京杉並の家に戻り、祖母や叔父・叔母と一緒に暮らした。別れて暮らしていても、母親が恋しかった記憶は私にはない。

【母子合流】 私が小学校1年生のとき祖父が亡くなり、母も富士宮を引き払って杉並の家に合流。私はまた母と一緒に生活するようになった。もっとも、母子水入らずというより、祖母・叔父・二人の叔母という大きな家族になったわけだ。

大家族ではあったが、小学校の頃から大学院に進んで渡米する直前までずっと、私は母と布団を並べて寝ていた。寝る前にいろいろな話をした。自分でいうのも変だが、反抗期という時期はなかったように思う。だいたいは仲良しな母子であった。言い争ったことも叱られたことも記憶にない。

毎日のできごとについても話したが、自分の将来のことも布団に入って話すことが多かった。大学3年の時、進学か就職かで迷ったことがあった。大学院に行きなさいと強く勧めてくれたのが母であった。もしこのとき、就職してほしいと母が言っていたら、私の人生はずいぶんと違うものになっていただろうと思うことがある。感謝してもしきれない。

【母子再会】 1968年の渡米以来、私がはじめて日本に帰国したのは、1990年。実に23年ぶりであった。しかし、その間母と会っていなかったわけではなく、長男が生まれたあと、ワシントンDCの我が家に母が来てくれて、半年くらい滞在。次男が生まれたときは妻の母親が来てくれたし、末の娘がフィラデルフィアで生まれたときは、私の母が来て半年一緒に生活。我々がテキサスに引っ越してから三度目の来米で、このときは3ヶ月間一緒に暮らした。孫たち3人とも小学生で、遊び相手になってもらっていたのを覚えている。

【死別】 1993年、私は渡米したときと同じボストン近郊に戻っていた。母と叔父は杉並に二世帯住宅を建てて住んでいた。その叔父からの連絡で、母が検査入院をすることを知り、電話で母と話した。私が「よし、帰ろうか」と言うと、「いま来てもらってもどこにも一緒に行けないから、退院してから帰ってきてよ」と言う。しかし、その母の望みは実現しなかった。

危篤の知らせですぐ飛行機に乗ったが、結局死に目には会えなかった。享年76。まだまだ長生きして、孫たちの成長も見てほしかった。皮肉なことに、母がいなくなってから私の日本出張が増えて、平均して年に3回くらいになった。生きていたら喜んだだろうにねと、母を看取ってくれた叔父や叔母と話したものだった。

叔父・町田登（1924〜2007）のこと

父が戦死したあと、私の故郷は母の実家がある東京都杉並区永福町になった。

そこには、母の弟や妹である叔父・叔母が、まだ独身で一緒に住んでいた。私より15〜16歳しか年上でなかったので、小さい頃はよく相手をしてもらった。

叔父は、戦争中は静岡県清水の商船学校に行っていた。私も、祖父や母と一緒に商船学校に遊びに行って、練習船を見せてもらったこともあった。叔父は終戦後東京の家に戻り、東京外国語大学に入学。卒業後、総理府の役人になった。私が大学生の頃だったが、国連の職員になりニューヨークに移住し、20年ほど住んでいた。それで、私が留学してからも世話になった。私のはじめての車は、叔父からもらい受けたGMのインパラというバカでかいものだった。

叔父は国連を引退後杉並の家に戻り、二世帯住宅を建てて私の母と隣同士で住んでいた。息子の私がアメリカなので、弟の叔父がいろいろ気遣ってくれた。母を看取ってくれたのは、この叔父と次に述べる叔母の二人だった。

それから何年後かだが、叔父はクモ膜下出血で倒れ、意識もはっきりしなくなり、胃ろうだけで数年間病院で過ごした。今度は逆に、叔父を最期まで世話したのは、引退後に帰国した私であった。

叔母・伊瀬地薫子《しげこ》（1926〜2003）のこと

母の妹では末っ子だった叔母・薫子がいた。その叔母と私は世田谷区立松沢小学校の同窓生である。私が転校したとき、叔母のことを覚えていた先生もいらした。のちに、校長になられた小木曽四郎先生である。
「そうか、あなたは薫子さんの甥御さんですか」と言われた。
この叔母は健康管理者として、銀行に勤めていた。私は米国にいたので、母の遺産管理のことでこの叔母の世話になった。いまでも私の日本の銀行口座は、その当時に叔母が勤めていた銀行で開いてもらったものである。
もう一ついまでも覚えていることは、この叔母が中学生だった私のために、銀行での知り合いから小鳥をもらってきてくれたことである。あまり知られていないキンカチョウ（錦華鳥）という種類だった。からだは小さいが鳴き声が素晴らしい。そこから私の小鳥好きが始まった。錦華鳥、ローラーカナリアなど、次々と卵を孵化させて部屋中が小鳥の小屋だらけになった。抱卵《ほうらん》の上手なジュウシマツ（十姉妹）も飼って他の鳥の卵を孵《かえ》させたりした。

小動物を飼うということは、子供にとって世界が広がることだ。それまでいつも末席にいた自分の下にも、もっと世界があるということを認識した。それで、私は自分が親になってからも、子供たちに常に何かペットを飼わせていた。その教育が、いまは孫の世代にまでつながっている。薫子叔母、本当にありがとう。

母の弟や妹である叔父と叔母は、私にとっては年の離れた兄や姉のような役割を果たしてくれたのではないかと大変感謝している。

義母・橋本菊枝（旧姓本橋、1916〜1995）のこと

妻の母親（本人は戸籍名ではなく、和子という呼称を使っていた）とはじめて出会ったのは、

たぶん私が小学校に入ったときだった。義兄・逸夫と私は高千穂小学校で同級。そして2年生の時、私は彼の後を追って1学期遅れで松沢小学校に転校。お互いの家が歩いて5分くらいの近所で、母親同士が知り合いだったし、その昔は私の祖父母も義母のことを知っていたので、よく遊びに行った。

しかし当時、私の将来の伴侶となる彼の妹と遊んだ記憶はまったくない。いたはずだが、小さすぎて相手にしていなかったのだろう。

小さい頃は橋本さんのおばちゃま、大きくなってからは和子ママ、私はそう呼んでいた。私の母のことを家内は道子ママとかミッコオバ（いとこの口まね）と呼んでいた。和子ママは私の母より一つ上、実にさっぱりした性格でしゃべっていておもしろいので、よく遊びに行った。

夜遅く、家庭教師のアルバイトの帰りに自分の家ではなく橋本家に直行することもよくあった。遊びに行っている母を迎えにという名目で、私も上がり込んでお茶をごちそうになり、ときには「お風呂に入っていいかない？」と言われてお風呂で暖まった。たいへんに居心地のいい家であった。当時学生であった妻もいたはずだが、「背中でも流しましょうか」と言ってもらったことは一度もなかったなぁといま思い出して、ブツブツ言っている。

義母の出身は東京、職業は女優である。芸名、本橋和子。本橋は旧姓。義母は本橋から橋本へ。その娘は橋本から大橋に。本橋→橋本→大橋と「橋」に縁がある。しかし私にとっては橋本和子であり、女優、本橋和子を意識したことはまったくといっていいほどない。仕事の話を聞いたことはないし、出演した映画を映画館で観たこともなかった。だいぶあとになってから、ＶＨＳのテープやＤＶＤで観ただけだ。

【女優　本橋和子】　もともとは、映画ではなく舞台であった。小山内薫《おさないかおる》（１８８１〜１９２８）が始めた新劇の築地小劇場が分裂してできた劇団の一つ新協劇団にいた舞台女優。１９３０年代後半の出演作に「デッドエンド」（村山知義演出、ニューヨークの裏通りを舞台にした翻訳劇）がある。インターネットには築地小劇場のレパートリーの一つと出ているが、私の生まれる前のことで直接は知らない。そのときの舞台写真が家にも残っている。よく知られた場面のようで、他の出版物でも同じ写真を見た記憶がある。まだ20代の義母である。

もう一枚の写真は、映画「野菊の如き君なりき」で民子の母親役で出たときの民子の臨終シーンである。この映画は伊藤左千夫（１８６４〜１９１３）原作『野菊の墓』を木下恵介が映画化したもの。

なお、『野菊の墓』は「野菊の如き君なりき」という題名で、１９５５年（監督：木下恵介）、１９６６年（監督：富本壮吉）、原題の「野菊の墓」で１９８１年（監督：澤井信一郎）と３回映画化されているという。民子役は有田紀子、安田道代、松田聖子と変わった。政夫役は……まぁ、男の方はどうでもいいや。

それで今回、女優、本橋和子の出演映画の記録を調べてみることにした。いろいろなデータベースの検索結果をまとめた。

主な出演作品は、木下恵介（１９１２〜１９９８）のものが多い。「野菊の如き君なりき」、「夕やけ雲」、「楢山節考」、「今日もまたかくてありなん」、「笛吹川」。松竹の作品が大部分だが、はじめの頃は新東宝の黒澤明（１９１０〜１９９８）監督による「野良犬」もある。

先に義母と親しくなって、やがてその後ろから娘が現れた感じが私にはしている。結婚してから今度は、妻の後ろに義母の存在を常に感じるようになった。自分の母親もそうだが、日本に一人残してきてしまった後ろめたさである。いい娘を育ててもらって、本当に、お義母さんありがとう。

義父・橋本欣三（1912〜1945）のこと

妻の父親に私は会ったことはない。妻が生まれた年に病死しているので、もちろん妻も覚えていない。妻も私も父親なしに育ってきた。物理的には実在はしなかったが、特に成長してから、独立した人間として関心を持つようになった。

欣三は東京美術学校（現・東京芸術大学）の塑像科に在学中、伊藤熹朔《きさく》（舞台美術家、1899〜1967）に出会い、中退して舞台装置の道に入ったという。熹朔の父は伊藤為《ため》吉《きち》（建築家、1864〜1943）、兄に伊藤道郎《みちお》（舞踊家、振付師、1893〜1961）、弟に千田是也《せんだこれや》（本名・伊藤圀夫《くにお》、演出家、1904〜1994）という芸術一家である。

熹朔の弟子として、欣三は新劇の築地小劇場が分裂してできた一つ、新協劇団の舞台装置を担当。そこで、本橋和子と出会った。

ここに一冊の本がある。橋本欣三著『勤労演劇・舞台装置』（健文社、1944）。インターネットで調べたら、演劇関連の古書のリストに1万円で出ていた。序は伊藤熹朔が書いている。書名の通り、舞台装置の本である。舞台の背後に場所や雰囲気を表す手段として用いた芝居の大道具の話だ。

日本家屋、洋風家屋、樹木・草花、舞台回転、照明など実際の舞台装置の話もおもしろいが、私には、最終章「舞台装置の歴史」が特に興味深い。日本の雅楽、伎楽、能・狂言、歌舞伎などに始まり、田楽返し《でんがくがえ》し、引抜襖、箱天神、迫り上げ・下げなど替わり大道具などを解説し、遠景を布に描いた道具幕、書割り幕が、日本とイタリアで独立に生まれたことを指摘。特に、歌舞伎の回り舞台、花道、大臣柱、見付柱、切り幕、臆病口など説明の図も興味を引かれた。同様に、西洋の舞台装置の歴史の話はギリシャ劇場、ローマ劇場から始まり、エリザベス朝シェークスピア、イタリア演劇に至る。

義父の本を読みながら、ニューヨークのメトロポリタン・オペラの素晴らしい舞台装置を見たら、なんと言うだろうという思いに駆られた。本当に惜しい早逝であった。

第四章　コンピュータと私

「芸は身を助ける」という言葉があるが、私のこれまでの人生で一番頼ることのできた「芸」はコンピュータであった。コンピュータの機能的な発達と経済的な効果は、息子や私自身が進む道を決めるときの重要な要素になっていた。要するに、コンピュータの能力が新しい仕事を創出する鍵となってきたのである。そこには、量から質への変化があった。

コンピュータの大きさを、演算素子のワードの長さで大型は32または64ビット、中型は16または32ビット、小型は8または16ビットと分けて書いておく。

価格から考えると、大型は大学や企業毎に一台くらいだが、中型は研究室や部課の単位で購入できる。小型ならばまさにパーソナルコンピュータで、個人で購入できる。

各種コンピュータ

【大型コンピュータ】私が大型電子計算機と関わりを持ちはじめたのは、１９６０年代の中頃、大学から大学院に進んだときである。東大の計算センターの日立のＨＩＴＡＣ ５０２０が学生でも使えるようになり、はじめてソフトウェア・プログラムの作り方を学んだ。

私が自慢にしていることは、ＦＯＲＴＲＡＮ Ⅳという高級プログラミング言語を、東大工学部教授・森口繁一（１９１６〜２００２）先生から直々に教えていただいたことである。ちょうど、先生が教科書をお書きになっているところで、本として出版される前にその校正刷りを使って、校内で講習会を開かれていたのだと記憶している。その半世紀後であるが、森口先生については、弟子の今野浩教授が『工学部ヒラノ教授』シリーズの中で興味深い本を出している。

ＦＯＲＴＲＡＮ（FORmula TRANslation）は、数値計算のプログラミング言語である。したがって、科学・技術の計算に用いられる。これに対応して、事務処理用にはＣＯＢＯＬ（COmmon Business Oriented Language）というプログラミング言語があった。

いまでは見たこともない人も多いだろうが、プログラムも、またそのためのデータも、パンチカードといって一枚に80コラムまで穿孔《せんこう》できる紙のカードを使っていた。したがって、計算センターに行くにも、カードが何百枚も入った大きな箱を抱えていくことも多かった。その前は紙テープの時代もあったようだが、私自身はほとんど経験はない。カードだとステートメントの入れ替えが可能だが、テープだと全部打ち直さないといけない。磁気テープを学生が使えるのはもう少しあとのことだった。

私が使った計算機の種類として、HITAC 5020のあとハーバード大学ではIBM 360/370、カーネギーの研究所ではUNIVAC 1100と変わったが、言語の方は、しばらくはFORTRANで通した。

【小型コンピュータ】 次に私が関わったのは中型ではなく小型、いわゆるパーソナルコンピュータ、すなわちPCであった。IBM PCが発売されたのは1981年であったが、その数年前のことである。

1970年代の半ば過ぎに、私は大学の自分の研究室に、後には自宅にも、Vector Graphic社製のシステムを使ってPCを組み立てた（写真参照）。この会社の栄枯盛衰の歴史については、リンク（脚注④）を参照さ

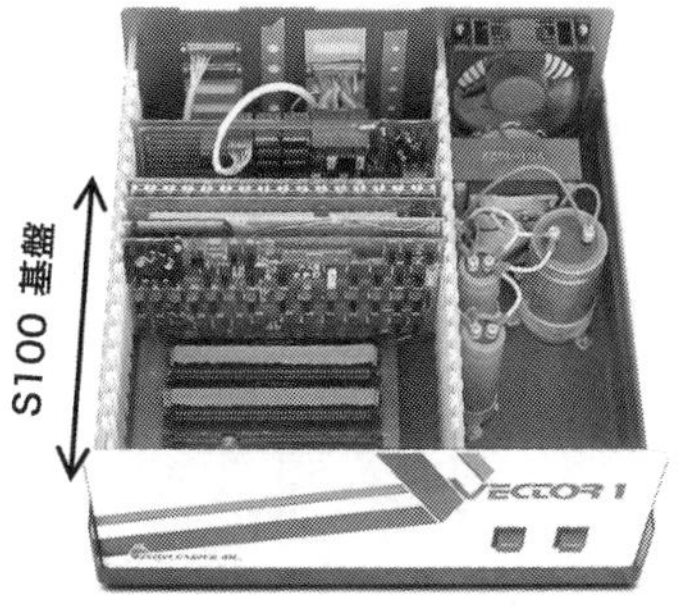

Vector Graphic S100 コンピュータ

れたい。

このシステムは、ザイログのZ80（8ビットの素子）を使い、S100という規格の基板を追加することで、演算・通信・画像表示・フロッピーディスクの読み書きなど、さまざまな機能をシステムに追加することができる。フロッピーディスクは、はじめは8インチ、のちに5インチのものを使えるようにした記憶がある。

オペレーティング・システムは、デジタルリサーチのCP／Mを使った。CP／MはControl Program for Monitor（あるいは、Microcomputer）の略といわれている。デジタルリサーチというカリフォルニア州にあった会社については、のちほど書く。

ハードウェアの間のやりとりはアセンブリ言語で書いたが、一般的なプログラムはFORTRANやBASICで書いた。ビル・ゲイツとポール・アレンが、まだ学生の頃に作ってネットで売っていたBASICである。

PCはプログラムを作るだけでなく、ワードプロセッサーとして文章を書くのにも使った。それまでの、行ごとで編集するラインエディターではなく、モニターに表示されるページの上でカーソルを動かして挿入したり削除したりが自由にできるスクリーンエディターという新しいユーザインターフェイスだった。MicroProという会社の代表作となるワープロソフトWordStarであった。この会社の大変興味深い歴史的記述は脚注⑤参照。

【中型コンピュータ】 私のはじめての中型コンピュータは、石油会社の中央研究所でボアホールテレビューワーという画像表示のシステムのために使ったＰＤＰ11やMicroVAXであった。ここでも、コンピュータとグラフィック表示システムとの間ではアセンブリ言語であったが、全体のシステムのプログラムはＦＯＲＴＲＡＮで書いた。

ＰＤＰ11やMicroVAXは、ディジタル・イクイップメント・コーポレーション（Digital Equipment Corporation 略してＤＥＣ）という会社のシステムであった。

ＤＥＣはかつて米国を代表したコンピュータ企業の一つで、一時はＩＢＭに次いで二番目のコンピュータ会社になっていたが、１９９８年にコンパックに買収され、コンパックがさらに２００１年にヒューレット・パッカード（ＨＰ）に買収された。この会社につい

④ https://en.wikipedia.org/wiki/Vector_Graphic
⑤ https://ascii.jp/elem/000/001/482/1482679/

ては後述する。

コンピュータ言語

そのように、FORTRANが私の使った主要なプログラム言語であったが、BASIC・Pascal・Lisp・Cなども多少は使ってみてはいた。そして、画像認識のベンチャー企業に転職してからは、そこでの標準であったC++に完全に変わった。これは、C言語の進化したオブジェクト指向型で、日本ではシープラプラ、シープラなどと呼ばれる。ものの本には「C言語は手続き型プログラミング言語」であり「C++はオブジェクト指向言語」などと書いてあるが、要するにひたすらに一歩一歩進むのと、全体を見回しながら前進する違いと言えるだろう。他の人が書いたプログラムでも、C++の方が何をやろうとしているのか、その意図が理解しやすい。

さらに、マイクロソフト社が開発したプログラム言語で、C#（シーシャープ）というのがあるというが、それはもう私がプログラムを書かなくなってからのことなのでまったく知らない。これらの言語は兄弟のようで、C言語（長男）、C++（次男）。そして、

C＃（三男）と説明している本もあった。

私の体験からすると、コンピュータのプログラム言語も、ちょうど日本語で言うか英語で言うかの違いで、環境の変化に応じて必要になったら学べばいいという感じである。言いたいこと、やりたいことは一つでも、表現手段はいろいろあるというだけのことである。

第五章　新しい仕組みで新しいビジネス

「舞台」と「演技」と「準備」

何度も書いたように、私は40歳くらいまでは、研究や教育で「自分の好きなこと」をして過ごしていた。その後企業の研究所に移り、社内で使うためのデータ処理システムを開発した。結果として、そのシステムを社外にライセンスして収入を得ることになったが、それがもともとの目的はではなかった。その後引退するまで、小さなベンチャー企業で売るのを目的とした商品の開発に専念した。

将来の進路や、実際に転職を考えている若い人の参考になると思われるので、大学・企業の研究所・ベンチャー企業という「舞台」で、私がどんな気持ちで、どんな「演技」をしたのか、やや詳細にお話ししてみよう。今回は現職引退後から終活に至るまでのこともお話ししよう（表参照）。注目していただきたいのは、その時その時の「舞台」での「演技」と並行して、次の「舞台」への準備をしていたことである。

例えば大学時代の後半には、自分でPCを組み立ててシステムを作るということをしていた。そして、それが企業の中央研究所で、中型コンピュータシステムを作るときの基盤になった。

さらに、その研究所は研究員が新しいことを勉強することを推奨していたので、画像認識の講習会などに会社の出張扱いで参加していた。また、研究所が授業料を出してくれるので、近くにあったテキサス大学の夜学の数理学部で線形計画法や経営工学などいろいろなコースを取った。

そしてその数学的基礎知識が、私が最後に勤めたコグネックスというベンチャー企業で、新しいコンピュータのツールをいろいろ積極的に

人生後半の「舞台」と「演技」

年齢	「舞台」	「演技」	次の「舞台」の準備
～40歳	フィラデルフィア大学	研究・教育	PCシステム組み立て
40代	ダラス 大企業研究所	社内用システム開発	画像処理技術研究の講習会 線形計画法夜間大学
50代	ボストン ベンチャー企業	画像認識製品 開発・外販	技術経営研究
60代	東京杉並区 社外取締役 ・技術顧問	技術経営研究 セミナー ・論文・書籍	旅行記・生活誌作成
70代	東京多摩市 地域活動	自治体への提言 地域公共施設支援	自分史整理
80歳～	東京多摩市 終活	自分史出版	

開発して新たな市場を開拓するのにたいへん役に立った。

二つの売り方

50歳を過ぎてから転職した小さなベンチャー企業では、画像認識のシステムを作っていた。その売り方には、大きく分けて二つの違ったやり方があることを知った。

普通の売り方は、それを使ってくれる企業に直接売る方法。お客さんが最終使用者であるから、エンドユーザー・ビジネスと呼んでいた。

それとは対照的に、我々のソフトウエアを購入してくれた企業が自分たちで直接使うのではなく、それを彼らの製品の中に組み込んで、別の企業や個人に売る場合である。組み込んで売る場合をOEM（Original equipment manufacturingまたはmanufacturer、相手先ブランド製造）での売り方という（図参照）。この場合、我々が作った画像認識のシステムの販売やマーケティングは、製品を購入してくれた企業に任される。

このように、買ってくれた顧客がその後どのように製品を使うのかは、ビジネスモデルを考える上で重要な要素となる。その製品なりサービスなりを自分で使うのか、あるいはそれを自分の製品に組み込んで、自社製品としてさらに他の顧客に売るのか。大きくこの二つに分けられる。

ここでプロバイダーとしてあるのは、製品を作って提供する我々である。エンドユーザーの場合、原則としてその会社の工場などで使われるので、相手は一社。その生産ラインの増設や改良が完了したら、需要は満たされたことになる。一方、ＯＥＭビジネスの場合は、相手先の製造装置や検査装置の中に組み込まれて製品として売られていくから、間接的ではあるが販路は多数。相手の製品が売れている限り、継続的な注文が期待できる。

新しいビジネス展開

私ははじめソフトウエアエンジニアとして技術部に

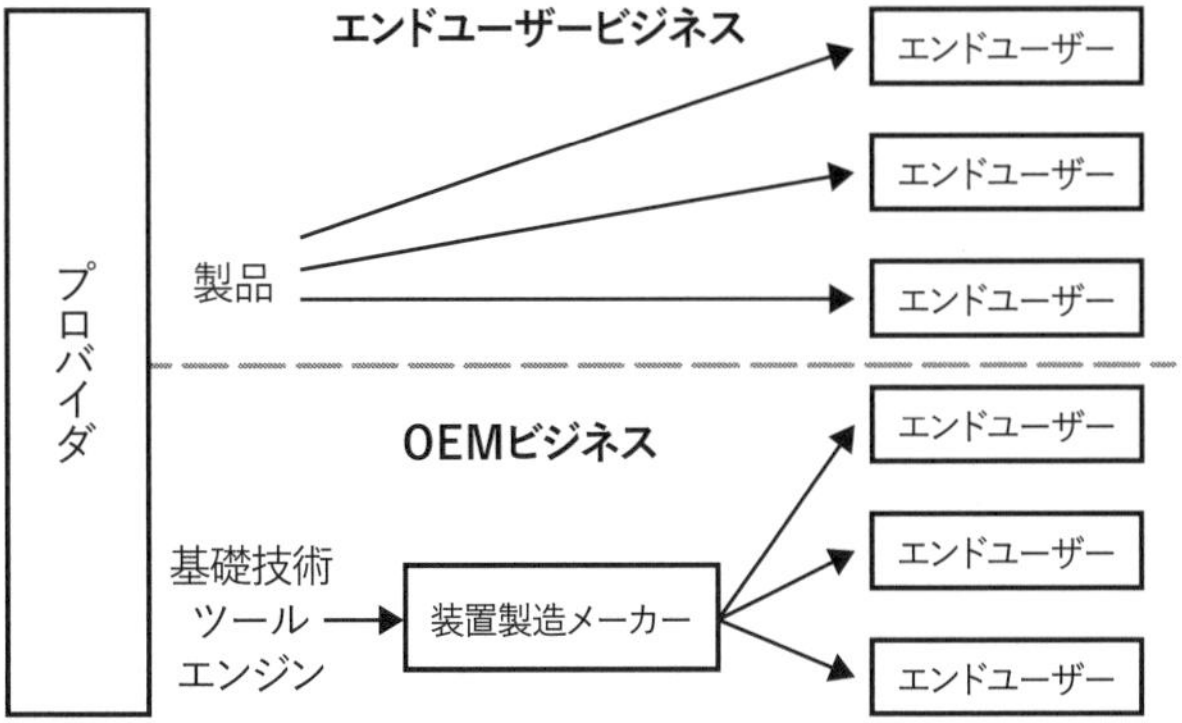

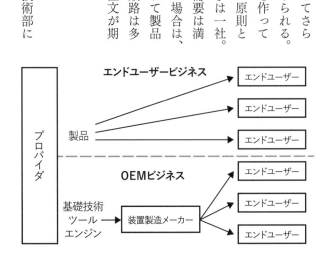

入り、画像認識・処理のソフトウエアを開発していた。ただ、日本語ができるということで、日本のコグネックス支社や日本の得意先の支援のため時々出張していた。

しかし、ここでも私の好奇心が騒ぐ。私自身の本領はどこにあるか。私は考えた。最近知った言葉でいうと、「人生を太く生きよう！」。そして思い切って、会社の経営陣に私の希望について相談したことは前回書いた。

その結果、技術部からマーケティング部への異動が成立。私は大きな顔をして製品の売り方についてモノを言うことができるようになった。マーケティング・マネージャーとして、引退までの6年ほどを本格的に新製品開発と営業支援に専念した。

我が社は何をすべきか。ここで、ＯＥＭとエンドユーザー対策を徹底分析する。確かに、エンドユーザー・ビジネスは「作る・売る・その後の技術支援」、どれも比較的に楽である。一方、ＯＥＭ・ビジネスでは「売り先を見つける・技術の開発・販売後の支援」、どれもハードルが高い。それで、どの会社も安全を取って、ＯＥＭ・ビジネスはあまりしないのである。

欧米や他の地域と違って、日本では少しずつではあるが、ＯＥＭ・ビジネスへの傾向が始まっていた。私はまず、日本の半導体のマウンター製造会社との画像処理ソフトウエアツールの共同開発を企画。その会社の技術者二人をアメリカの我が社に派遣してもらった。そして、まず我々がソフトウエアツールを開発・提供し、隣にいる彼らにそれを実際の対象物に対してテストしてもらう。その結果を見て、さらに我々がツールを改良するというサイクルを繰り返した。

　このような作業を半年ほど続けて新しいシステムが完成した。それまでは、我々は相手の会社がどんなことをしたいのか、逆に相手はどんなことが技術的に可能なのかを正確には知らなかったのである。

	エンドユーザー・ビジネス	OEM・ビジネス
顧客の期待	すぐ使える	ツールなど部品
製品の重要点	使いやすさ	機能・性能
商談の成立	早い	時間がかかる
販売額	小さい	大きい・需要継続
市場全体の規模	大きい	限られる
開発費	自社持ち	顧客からも可能
ビジネス展望	短期間的	長期継続的
営業努力	一件ごとは小さい	経常的接触必須
製品モデル寿命	短い	長い
顧客の技術力	概してあまりない	ある
技術サポート	簡単なケースが多い	あれば難しいケース
販売後の収入	ない、あっても小さい	見込める
顧客の定着度	弱い	強い

それ以外にも、日本のいろいろな製造装置や検査装置の企業との結びつきを強くした。私自身も年に3回ほど日本に出張して、得意先の幹部や技術の部門の声を聞き、自社に持って帰った。

実際に出張できない期間は、ビデオ会議ができるシステムを作った。その頃は、まだzoomやSkypeなどのように一般に使えるビデオ会議システムはなかったので、いくつかの大口顧客のところにはビデオ会議のハードウエアを入れた。そうすればいつでもビデオ会議ができる。

このシステムのおかげで、両社の役員や技術部員は相手のところに出張する回数を減らすことができた。ビデオ会議で議論を進めることができて、話し合いの進展が以前よりも格段に早くなった。ただし、約半日の時差のため、私にとっては出勤時間の昼夜の区別がはっきりしなくなってしまった。

そのようにして、コグネックスは成長していった。当時アメリカにあった画像認識や画像処理のシステムを製造していた会社は、その後消えてしまい、現在も残っているのはコグネックスだけであろう。

コグネックスは、日本でいうとキーエンスに近い。両社とも事業の主な目的を、工場における生産工程の自動化（ファクトリー・オートメーション、短くFA）にしてきた。実は、キーエンスとは一時、私自身も会議に入って技術的・営業的な協力を検討したこともあったが、結局は両社は独立して成長してきた。キーエンスの営業の成功については、近年いろいろ本が出ている。私の印象では、キーエンスの特徴は優れた顧客支援の重要性を経営陣がよく認識していることである。

第六章　米国の大学と研究所

まず、私の父や私、そして長男が関係した米国の大学や研究所のいくつかの具体的な例を説明することから始める。個人的な印象であるが。教育や研究などの機会を考えるときの一つの参考にしていただけたらと思う。

そのあとで、日本の大学と比較して米国大学の一般論をお話しする。

カリフォルニア工科大学CaltechとマサチューセッツエクスエMIT

米国の工科大学というと、マサチューセッツ工科大学（Massachusetts Institute of Technology）略してＭＩＴが有名であるが、カリフォルニア工科大学（California Institute of Technology 略してCaltech）も並び称される。

ＭＩＴとCaltechは対照的である。ＭＩＴは、東海岸ボストンの隣町ケンブリッジ（Cambridge）にあって、学生数1万人を超える大きな大学である。一方、Caltechは西海岸、ロサンゼルスの北東パサデナ（Pasadena）という高級住宅地にある少数精鋭の大学で、学生数は2000人程度。MITの5分の1ほどの大きさである。

Caltechは私の父が卒業した大学で、実は私も一度は留学先の候補として考えたことがあった。東大で修士号を取ったあと、博士過程としてMITのバーガー教授（Martin J. Buerger、1903〜1986）か、Caltechのカンプ教授（Barclay Kamb、1931〜2011）のどちらかの研究室を考えたのである。

バーガー先生は結晶構造解析の新しい技術を提案され、また珪酸塩鉱物の研究もされていた。カンプ先生は南極の氷河の動きと氷の結晶構造の関係を研究されていた。カンプ先生は、ノーベル化学賞と平和賞を受賞されたポーリング（Linus C. Pauling、1901〜1994）の指導のもとで博士号を取り、ついでに（?）、そのお嬢さんと結婚され、Caltechの地学の教授になられていた。

前章に書いたように、私は結局どちらにも行かず、ハーバード大学のバーナム教授（Charles W. Burnham、1933〜2021）の研究室に行った。私が留学したその年だが、カンプ先生はその氷の結晶構造の変化の研究で、米国鉱物学会賞を受賞された。

そういうことで、私はCaltechとは縁がなかったが、ちょっと思い出のある大学である。

ハーバード大学とMIT

この二つの大学は、ケンブリッジ（Cambridge、人口約11万人）という同じ町にある。ボストン（人口約65万人）とチャールズ川をはさんだ隣町である。二つの大学は地下鉄で2駅ぐらいの近い距離にあるが、学風はまったく対照的な大学だ。

まず、MITは革新的で、産業界の動向で大学の学科の研究室が急激に減ったり増えたり、極端な場合は消滅したりする。それに対して、ハーバードは保守的だ。もちろん変化はするが、変化のスピードはゆっくりだ。

私のいた地球科学領域でもそうだった。私が学生の頃の話だが、私の専攻に近いところでも、ハーバードには古典的な分類、鉱物学や古生物学の研究室がずっと存続していた。フロンデル、ハールバット、クラインなど鉱物学者が伝統的な鉱物学のテキストであるDana's Manual of Mineralogyシリーズを改定することを学科のプロジェクトとしていた。MITで鉱物学者というと結晶学のバーガーがいたが、大学はその研究室を廃止して、代わりにオーストラリアから化学者を招聘《しょうへい》して鉱物よりも無機物の原子化学研究のような分野を地球科学学科に加えた。

また個人的な例だが、博士号には母国語に加えて読んで理解できる外国語が二つ要求されていたので、私は英語とロシア語にした。東大でやっていたロシア語の復習として、ハーバードの初級ロシア語の講座を聴講してみた。ロシア語のできるアシスタントがたくさんいて、少人数のグループで発音と聞き取りを重視しているようだった。生きた語学の入門としては素晴らしい。しかし、翻訳テストの役には立ちそうにない。探したら、MITに科学ロシア語というコースがあって、これは発音など問題にせず、書いてあるものを見て辞書を使って翻訳できればいいらしい。この二つの大学では、追加料金なしにコースを取り合うことができるので、私はそちらに参加した。このように、MITは標準の語学教育にとらわれず、実用主義なのだ。このロシア語のクラスはまさに私の目的にぴったりで、無事博士号の要求を満たすことができた。

施設の面でも、二つの大学は対照的だ。ハーバードの自然史博物館は素晴らしい。旅行者にぜひおすすめの場所だ。動植物、地学、人文科学などの標本の展示が印象的。恐竜、動植物、鉱物、古代の民芸品など、過去に大学が行った探検の成果が多い。

この博物館群の中でも私の一番のおすすめは、ガラス模型の美術館。これは、ボヘミア地方出身のガラス工芸家親子であるレオポルド・ブラシュカ（Leopold Blaschka、1822〜1895）とルドルフ・ブラシュカ（1857〜1939）が作った実物大あるいは部分拡大模型である。実に50年（1887〜1936）にわたって、ハーバードはブラシュカ親子に実物大および拡大模型を数千個注文し続けたという。

一方MITのアトラクションは何だろう。歴史的なものより、新しいものだ。学生用のレクリエーション、エンターテインメント施設だろうか。いまは他のものに変わっているようだが、私のいた頃には学生センターにボーリング場があって、週末によく行ったものだ。いまでもプールやトレーニング場、それに木工、金工のできるところなどいろいろある。それも、デュポン（Du Pont）社など企業からの寄付でできた立派なものだ。建物に社名がついている。

人工知能のような先端の研究分野でも、MITには私のいた1970年頃すでにAI Labがあった。その後合併などで、いまではComputer Science and Artificial Intelligence

Laboratory、略してCSAILという呼称になっている。日本語では、MITコンピュータ科学・人工知能研究所だろうか。

一方、ハーバードはどうか。人工知能研究所があるか調べてみた。もちろん、研究自体はいろいろな部門で個々に行われていたのだろうが、一つの組織としては、実に2021年の末にケンプナー研究所というのを作って、自然および人工知能の研究をすることになったそうだ。英語では、The Kempner Institute for the Study of Natural and Artificial Intelligenceである。

そのように、ハーバードとMITは対照的である。

二つのペンシルベニア大学

ペンシルベニア大学というと、フィラデルフィアにある私立の大学とペンシルベニア州のほぼ中心、山の中のステイトカレッジというところにあるペンシルベニア州立大学(The Pennsylvania State University)がある。

私は私立の方(英語でもUPenn というので、短くペン大としておく)で7年教えた。私立大学連合であるアイビー・リーグの一つで、１７４０年創立。ハーバードはそれより１００年ほど古く１６３６年開校だが、はじめはcollege（単科大学）だったので、ペン大の校内にはアメリカ最古のUniversity（総合大学）と表示してある。そう名乗り始めたのは１７７９年のことだそうだ。アイビー・リーグについては、あとで詳しく説明する。

私立のペン大で有名なのはビジネススクールのウォートン・スクール（Wharton School）で、ここのＭＢＡ（経営学修士号）は、スタンフォード大学やハーバード大学と並んで入るのが難しい。

また、野口英世がいた医学部も評価が高い。２０２３年のノーベル生理学・医学賞は新型コロナウイルスのｍＲＮＡワクチンの開発で大きな貢献をした二人のペンシルベニア大学医学部の教授に授与された。

ＥＮＩＡＣ（エニアック、Electronic Numerical Integrator and Computer）という計算機のことを聞かれたことはあるだろうか。１９４３年、アメリカ陸軍の要請でペンシルベニア大学電気工学科（Moore School）はProject PXの名で秘密裏に設計を始め、１９４６年に完成したという。真空管を使い、２進法ではなく10進法で計算されたそうだ。ムーア・スクールは私のいた地学科の隣だったのでよく行っていた。

ペンシルベニア州立大学（Pennsylvania State University）は複数のキャンパスを持ち、公的資金で運営されている研究型高等教育機関。ペンシルベニア州内には20のカレッジと6つのグラジュエイトスクールと多数の施設がある。メインキャンパスであるユニバーシティパークは、公立大学の有名校のリストである「パブリック・アイビー」に入っている。アイビー・リーグというのは、もともと有名私立大学のリストである。

カーネギー・メロン大学（Carnegie Mellon University）

長男がＭＢＡのために行ったのは、このペンシルベニア州ピッツバーグにあるビジネススクールであった。歴史的には、１９００年に実業家アンドリュー・カーネギーがカーネギー工科大学を設立。１９１３年に銀行家アンドリュー・メロンがメロン工業研究所を設立。そして１９６５年、この二つが合併し、カーネギー・メロン大学と改称した。

もともとカーネギーは、労働者階級の子供たちのための職業訓練用の学校をと考えていたそうだし、メロンは政府や工場のための研究施設ということで、テクノロジー関連に定評がある。さらに科学、ビジネスから公共政策、人文科学、芸術まで幅広い分野のプログラムもあるという。

ビジネススクールというと、ハーバードやＭＩＴが有名であるが、長男に聞いてみたら次のような違いを指摘された。

ハーバードやＭＩＴのビジネススクールは、企業の経営者層を対象として企業経営のケーススタディ重視であるが、カーネギー・メロンは実務者層を対象としてビジネスの運用を考えている。したがって、カーネギー・メロンでは、実際の数字を使ってExcelのような表計算ソフトウエアで分析する時間が多かったと言っていた。

技術移転事務所（ＴＴＯ）のこと

米国の多くの大学や研究所には、ＴＴＯという部署がある。Technology Transfer Office（技術移転事務所）。ＴＬＯ（Technology Licensing Offices、技術ライセンス事務所）と呼ばれることもある。その目的は、ものになりそうな技術の開発を支援し、ゆくゆくはそれを外部に売却して製品として世に出すことである。わかりやすくするために、一つ私が出会った例をお話ししよう。

日本に戻ってからだったが、カリフォルニアのサンディエゴ（San Diego）にあった会社の社外取締役をしていた。2004年に株主総会のために渡米して、その帰り、米国西海岸の大学や研究所のTTOをいくつか訪ねたことがある。その一つがスタンフォード大学だった。

Stanford OTL（ここでは、TLOではなくOTL、Office of Technology Licensingの呼称を使っていた）は、通常の年でライセンス料だけでも総計4000万ドル（約40億円）の収入があるという。OTLが15％の管理料を差し引いた残りを3等分して、発明した人、その人の在籍した学科、そして大学に分配するという話であった。

そのとき、ちょうど事務所は活気を通り越して殺気立っていた。理由は、Googleのはじめての株式公開直前であったためであった。よく知られていることだが、Googleという会社はもともとスタンフォードの計算機科学の博士課程に在籍していたラリー・ペイジ（Lawrence Edward "Larry" Page）とサーゲイ・ブリン（Sergey Mikhailovich Brin）が考えた「膨大なデータの集合から関連した情報を検索するシステム」に基づいて、二人が1998年に非公開で設立していた。当然、ＯＴＬは支援の見返りに株式をもらっていた。

そして、株式を公開するということは、ＯＴＬの持っている株も市場価格で売却して大学には莫大な現金が入る。それで事務所の人たちは興奮していたのである。その収入は、また次の有望な技術の育成のために使われるのである。

ときあたかも、インターネット検索エンジン「Google」の株式上場の話でもちきりであった。スタンフォード大学には数億ドル（数百億円）がころがりこむという。

それよりも古く、スタンフォード大学電気工学科の同級生ヒューレット（William R. Hewlett、１９１３〜２００１）とパッカード（David Packard、１９１２〜１９９６）が、ＨＰ社を立ち上げた。１９３９年にはまだ大学にＯＴＬはなかったので、自分たちで資金調達をしたそうだ。

スタンフォードのＯＴＬは、どこよりも早く１９７０年にできた。その後１９８０〜１９９０年に他の大学にもでき、１９９０年にＴＴＯ設立法が発令されて正式なものになった。

大学・研究機関における知的財産管理、技術移転、共同研究および起業等、広く産業連携の業務を効果的に展開するための交流、相互啓発、調査、研究、提案などを推進するとなっている。

スタンフォード大学には及ばずとも、大学で開発された知財をビジネスに結び付けようとする試みは日本でも始まった。

「承認ＴＬＯ」とは、大学等技術移転促進法に基づき、文部科学省、および経済産業省より、その事業計画に対する承認を受けたＴＬＯ（技術移転事業者）のことを指す。「承認ＴＬＯ」は国立大学の教官個人が有する特許と、公立・私立大学、およびその教官個人が有する特許を取り扱うことができる（脚注⑥参照）。

現在（２０２３年）のところ、大学あるいは複数の大学で作った研究組織からなる「承認ＴＬＯ」は全国で30以上あるようだ（脚注⑦参照）。また独立行政法人や省庁からなる「認定ＴＬＯ」は以前はいくつかあったが、現在はないようだ。ＵＮＩＴＴ（University

---

⑥ https://www.jpo.go.jp/toppage/links/tlo.html
⑦ https://www.nippo.co.jp/tlo.htm

Network for Innovation and Technology Transfer、一般社団法人大学技術移転協議会）という機関もできている。

カーネギー科学研究所　Carnegie Institution for Science

１９０２年に、アンドリュー・カーネギーが科学研究支援のため、ワシントンＤＣに「ワシントン・カーネギー協会（https://carnegiescience.edu）」を設立した。

分野は、植物生物学、発生生物学、天文学（ウィルソン山天文台）、材質科学、環境生態学、地球惑星科学など多岐にわたっている。私が博士号取得直後、４年を過ごした地球物理学研究所（Geophysical Lab）もこの中の一つ。地磁気研究所（Department of Terrestrial Magnetism）は別々であったが、１９９０年に合併された。

ビジネスで大成功したカーネギーであったが、研究所の目的は応用は考えない基礎科学研究を支援することだった。要するに儲からない分野である。それで運用利益で継続できるように巨額の資金を提供した。はじめの頃は投資利益だけで運用できて元本は維持できたようだったが、いまは国や個人や企業からの寄付金が必要になっている。

私がはじめてカーネギー地球物理学研究所のことを知ったのは、高校の時の地学の教科書でだった。そこに、マグマから火成岩が晶出《しょうしゅつ》してくる順番で、ボーエン（Norman Levi Bowen、１８８７～１９５６）（脚注⑧）の反応系列（reaction series）学説が出ていた。そのカナダ人のボーエンが研究を行っていたのがワシントンＤＣにあるカーネギー地球物理学研究所だったのである。

そしてその十数年後、私はその研究所の彼のいた研究室で4年間過ごす縁に恵まれた。その部屋はボーエンがいた頃は岩石学の研究室だったのが、私が行ったときは鉱物結晶学の研究室になっていた。

私がいた頃も、この研究所は高温高圧での鉱物の晶出の研究が盛んだった。所長のヨーダー（Hatten S. Yoder Jr.、１９２１～２００３）や東大からいらしていた久城育夫博士が高温領域を、ベル（Peter M. Bell）や毛（マオ、毛河光 Ho-Kwang Mao, Dave）が高圧領域を研究していた。

⑧ https://ja.wikipedia.org/wiki/ノーマン・ボウエン

NASA月試料研究所

月試料研究所は、アメリカ航空宇宙局（National Aeronautics and Space Administration、略してNASA）の研究機関の一つである。

私は、カーネギーの地球物理学研究所のあとの就職先として、このNASAの月試料研究所（Lunar Science Institute, LSI）から内定をもらっていた。しかし、受諾の返事をする前にペンシルベニア大学から申し出があったので、そちらの方にした。だが、月試料研究所にはせっかく一度内定を出してくれた恩があるので、1年後の夏休みに3ヶ月間客員研究員として行くことにした。当時、研究所は大きな別荘の建物内にあったので論文書きはそこでして、実験は月鉱物に関係したX線データ集めを近くのNASAのジョンソン宇宙センター（NASA Johnson Space Center）で行った。この研究所にいた間、2023年に亡くなった松井孝典（東京大学教授、千葉工業大学学長）さんと一緒だった。

月試料研究所は、その後1978年に他の惑星の研究も含めるために「惑星」を追加して、月惑星研究所（Lunar and Planetary Institute, LPI）と改名し、場所もジョンソン宇宙センターに移動した。

アメリカの大学の一般論

［University と College］ この二つの違いから見てみる。University は、複数の学部・研究科からなり、大学院課程があるのが普通で、日本では総合大学にあたる。反対に College には、複数の学部・研究科は存在せず、大学院課程を設けていないことが多い。一般に小さな大学で単科大学と思われるかもしれないが、ちょっと違う。学問を細分化・専門化するのではなく、視野を広げることを目的にしている。東大などにある1～2年時の教養学部は College 的といえる。

Boston University（BU）と Boston College（BC）はまったく別の大学である。両方ともボストンのグリーンラインという地下鉄沿線にキャンパスがあるので、グリーン地下鉄ライバル（Green line Rivalry）と呼ばれることもあるそうだ。

同じ名前の University と College はこのように普通は別の大学であるが、例外もあって、Harvard College は Harvard University の中にある4年制大学だ。校舎も Harvard University の校庭の中にある。

一つ言えることは、college は university より程度が劣るということはなく、あとで見るようにuniversityより評価の高いcollegeもたくさんあるということだ。中でも、リベラルアーツカレッジについて見てみよう。

【リベラルアーツ・カレッジ】 小規模（学生数が1000〜3000人くらい）の私立4年制大学。研究よりも「教育」に力を入れていて、幅広い教養を身につけたリーダーを育成する。学生たちは自然に抱かれたキャンパスで寮生活を送る。

そもそも米国と日本では大学の存在意義がだいぶ違う。大学というと高校から直接行く場合を多く考えられるかもしれないが、特に米国では、一度社会に出てから新しい能力をつけるために再び戻ってくることも多い。

例えば長男は学士号を取って一度就職し、いろいろな仕事を試してからビジネススクールに戻り、MBA（経営学修士）を取った。また次男は、学士号を取ってから平和部隊（日本の青年海外協力隊にあたる）に入り、アフリカで2年ほど過ごした。その後いろいろな仕事を試してから、こんどはニューヨークの建築・インテリアデザイン・インダストリアルデザイン学科が有名な大学で修士号を取って、インダストリアルデザイナーとして再出発をした。末の娘は大学を卒業して、国立研究所に就職。1年目は休暇扱いで研究所から大学院に行かしてもらって土木工学の修士号を取り、その後その研究所で20年以上社会基盤施設の建設・維持管理の仕事をしている。

そのように、仕事で必要とする領域の知識を強化するために、大学、特に大学院に戻ることが多い。その意味で、それぞれの大学の特徴を知ることが重要になる。

まず、日米両国における私立大学と公立大学の学校数・学生数を比較してみる（表参照）。学校数でいうと、日本では私立・公立の比は77対23、米国では76対24、そして学生数では、日本の私立と公立の比は78対22とほぼ同じである。ところが、**米国の学生数の私立と公立比は38対62と逆転している。**言い換えると、米国では私立大学の学生密度は低く、逆に公立大学は極端に過剰で混み合っていることになる。

これは、一つには米国の私立大学の財政的な基盤の強さがあ

日米大学の比較

		国公立 / 州立	私立	合計
学校数	日本	187 （23%）	620 （77%）	807
	米国	772 （29%）	1907 （71%）	2679
学生数 / （千人）	日本	745 （26%）	2149 （77%）	2894
	米国	9103 （**65%**）	4937 （**35%**）	14040

統計年　日本（2022）　米国（2019）
文部科学省 「諸外国の教育統計　2023 年版」から筆者作成

るだろう。米国の大学財政において研究や教育、あるいは運営費用の支出を賄う上で、授業料や寄付金と並ぶ第3の収入の柱がエンダウメント（寄付金基金の資産運用）からの投資収益である。現在最大のエンダウメントはハーバード大学（270億ドル）であり、次いで第2位がイェール大学（160億ドル）、第3位にプリンストン大学（140億ドル）が続く。

このように、米国の私立大学は財政的に恵まれているところが多いので、学生数を増やす必要はなく、したがって私立大学は公立大学に比べて学生密度が低いのである。

日米の大学の歴史を比較してみよう。まず米国の大学は、私立大学であるハーバード大学が1636年に始まり、日本では最初の大学は国立の東京大学が1877（明治10）年である。米国には、国立の大学というのは軍人を育てるための士官学校だけで、一般の公立大学というのは州立・市立である。もちろんいまは両国とも公立、私立の両方あるが、どちらかというと「米国は私立大学、日本は国立大学の存在」が大きい。

【エリート校グループ】 アイビー・リーグ（Ivy League）という言葉をお聞きになったことがあるだろうか。米国東海岸の歴史的な私立エリート校のグループである。日本だと野球などで東京六大学とか関西六大学とかいうが、一つの分野ではなく大学全体の歴史でまとめている。創立の古い順に8大学ある。

アイビー・リーグ

1. ハーバード　Harvard　1636年　マサチューセッツ州
2. イェール　Yale　1701年　コネティカット州
3. ペンシルベニア　Pennsylvania　1740年　ペンシルベニア州
4. プリンストン　Princeton　1746年　ニュージャージー州
5. コロンビア　Columbia　1754年　ニューヨーク州
6. ブラウン　Brown　1764年　ロードアイランド州
7. ダートマス　Dartmouth　1769年　ニューハンプシャー州
8. コーネル　Cornell　1865年　ニューヨーク州

アイビー（植物のツタ）というのは、古いレンガ造りの校舎に広がっている植物に因んだというのが通説である。伝統的に政界、財界、法曹界など大物エリートの出身校である。

アイビー・リーグはいまは共学になっているが、長いこと男子校であった。
これに対し、女子大のエリート校としてセブン・シスターズ（Seven Sisters）というのがある。アメリカ北東部の名門女子大学7校の総称である。

セブン・シスターズ

1.	マウント・ホリヨーク	Mt Holyoke	1837年	マサチューセッツ州
2.	ヴァッサー	Vassar	1861年	ニューヨーク州
3.	ウェルズリー	Wellesley	1870年	マサチューセッツ州
4.	スミス	Smith	1871年	マサチューセッツ州
5.	ラドクリフ	Radcliffe	1879年	マサチューセッツ州
6.	ブリンマー	Bryn Mawr	1885年	ペンシルベニア州
7.	バーナード	Barnard	1889年	ニューヨーク州

例えば、ラドクリフ大学はハーバード大学の隣にあった。両校は提携関係にあり、私が

いた1970年頃はハーバードの授業に女子学生もいた。しかし彼らは正式にはラドクリフの学生で、卒業証書にはラドクリフと書かれているということだった。私のいた頃、段階的に合併が進み、ラドクリフの寮にハーバードの学生も入れることになって、好奇心からそれまで入れなかった女子寮を見に行ったことがあった。1977年に事実上合併し、1999年に完全統合されてラドクリフはハーバードの一部になった。

もう1校、ニューヨーク州にあるヴァッサー大学は、イェール大学からの合併提案を辞退したあと、1969年に自校だけで男女共学化を実施したそうだ。この2校以外のセブン・シスターズは、大学院は別だが学部はいまでも女子大である。

私は、フィラデルフィア郊外にいた頃ブリンマーの近くに住んでいて、よく子供たちと遊びに行ったし、そのあとボストン郊外に越したらウェルズリーが近くになって、セブン・シスターズとの縁があった。

津田梅子が行ったのはブリンマーで、一緒に留学した大山捨松《すてまつ》（元帥陸軍大将・大山巖の妻）が行ったのはヴァッサーであった。有名な女性では、ジャクリーン・ケネディ・オナシスはヴァッサー、ヒラリー・クリントンはウェルズリー、そしてナンシー・レーガン、バーバラ・ブッシュはスミス大学。調べてみたら、キャロライン・ケネディ、ヘレン・ケラーはラドクリフ、キャサリン・ヘプバーンはブリンマーであった。

このような歴史的な大学に対して、比較的新しく発展した中西部や南部などの地域にも大学ができた。自然科学、技術工学など理系の分野で存在感を示すようになった大学には以下のようなのがある。創立年は、次のとおり。

マサチューセッツ工科大学	MIT	1861年	マサチューセッツ州
カリフォルニア工科大学	Caltech	1891年	カリフォルニア州
シカゴ大学	Chicago	1890年	イリノイ州
スタンフォード大学	Stanford	1891年	カリフォルニア州
ライス大学	Rice	1912年	テキサス州

それに対して、経営学部が有名な大学としてはどのようなところがあるだろうか。総合大学でも経営学部に名前をつけているところも多い。ここでは括弧に入れておいた。例え

ば、Wharton Schoolというと、それは私立ペンシルベニア大学のビジネススクールなのである。同じく、Sloan SchoolはＭＩＴのビジネススクールである。

ビジネススクール

スタンフォード大学　Stanford University
ペンシルベニア大学　Penn（Wharton）
マサチューセッツ工科大学　ＭＩＴ（Sloan）
ハーバード大学　Harvard Business School
コロンビア大学　Columbia Business School
カリフォルニア大学バークレー校　UC Berkeley（Haas School of Business）
カリフォルニア大学ロサンゼルス校　ＵＣＬＡ（UCLA Anderson School of Management）
シカゴ大学　Chicago（Booth）
ノースウェスタン大学　Northwestern（Kellogg School of Management）
イエール大学　Yale

ニューヨーク大学　ＮＹＵ（Stern）
ミシガン大学　Michigan（Michigan Ross）
デューク大学　Duke（Fuqua）
南カリフォルニア大学　ＵＳＣ（USC Marshall）
コーネル大学　Cornell（Johnson School）
ボストン大学　Boston（Questrom）
テキサス大学　Texas（McCombs）
カーネギー・メロン大学　Carnegie Mellon（Tepper）
インディアナ大学　Indiana（Kelley school of Buisiness）
ダートマス大学　Dartmouth（Tuck）

ここまで挙げた大学は私立であったが、近年、州立大学で評判が高くなり入学希望者が増えているところがある。特にカリフォルニア州立大学では州全土に23のキャンパスがあり、それぞれに特色があるようだ。またテキサス州では、University of Texas システムと

Texas A&M University（A&Mは Agricultural and Mechanicals の略）システムの二つのシステムで8キャンパス以上あるという。

州立大学

カリフォルニア大学	ロサンゼルス校	UCLA
同	バークレー校	UC Berkeley
同	サンタバーバラ校	UCSB
同	サンディエゴ校	UCSD
同	アーバイン校	UCI
同	デービス校	US Davis
ミシガン大学	アナーバー校	UMich
バージニア大学	ピータースバーグ校	VSU
ウィリアム・アンド・メアリー大学	バージニア州ウィリアムスバーグ校	W&M
フロリダ大学	ゲインスビル校	UFlorida

ノースカロライナ大学チャペルヒル校　UNC

私立大学ではアイビー・リーグやセブン・シスターズがあったが、公立大学で順位づけの目的でパブリック・アイビーというのが提唱されている。

パブリック・アイビー

リチャード・モル（Richard Moll）の Public Ivy（1985）のリストによる8校は、

ウィリアム・アンド・メアリー大学　College of William & Mary　バージニア州
マイアミ大学　Miami University　オハイオ州
カリフォルニア大学群　University of California（8つのキャンパス）　カリフォルニア州
ミシガン大学　University of Michigan　ミシガン州
ノースカロライナ大学チャペルヒル校　University of North Carolina at Chapel Hill　ノースカロライナ州
テキサス大学オースティン校（University of Texas at Austin）　テキサス州

バーモント大学　University of Vermont（Burlington）　バーモント州
バージニア大学　University of Virginia（Charlottesville）　バージニア州
（マイアミ大学はオハイオ州とフロリダ州に二つあるが、パブリック・アイビーに選ばれているのは、オハイオ州の方）

もっと新しいものでは、マシュー・グリーン（Matthew Greene）のガイド（2016）のリストは東部・西部・南部に分けて合計31校挙げている（詳しくは脚注⑨を参照）。

---

⑨ https://ja.wikipedia.org/wiki/パブリック・アイビー

第七章　企業・研究所の栄枯盛衰も世の習い

一時は全盛を誇っていた会社や学校などの組織も、時が経つにつれてその威光が陰ることがある。研究所も例外ではない。しかしそのまた逆に、眠れる獅子が目を覚ますこともあるので、世の中なかなか予想がつかないことが多い。

山あり谷ありの歴史の中で、最近は谷になっていたりあるいは消えてしまったりしたところを見てみよう。

フィルムにこだわったコダック

コダックとは、世界ではじめてロールフィルムおよびカラーフィルムを発売したメーカーである。また、世界ではじめてデジタルカメラを開発したメーカーでもある。

２０００年頃までは世界的な大手企業であり、「写真撮影の決定的瞬間」を意味する「コダック・モーメント（Kodak Moment）」という言葉もできた。１９７５年に世界初のデジタルカメラを開発するなど、アナログ分野だけでなくデジタル分野でも高い技術力を誇っていた。

しかし、写真フィルム事業での大きすぎる成功のため、写真フィルムの業績に悪影響を与えるとの理由から発明品であるデジタルカメラの商業化を見送るなどデジタル化の波に乗り遅れ、２０００年代以降のフィルム市場の急激な衰退に伴い、２０１２年に会社が倒産した。

コダックはデジタルカメラを開発した。デジタル技術に投資もした。さらには、写真がオンライン上でシェアされるようになることさえ見越していた。ただ、写真のオンライン共有はそれ自体が新ビジネスであり、印刷事業を拡大する手段ではないということに気づけなかったのだ。

紙にこだわったゼロックス

ゼロックス（XEROX）社が１９７０年にカリフォルニア州パロアルトに開設したのがパロアルト研究所（Palo Alto Research Center、略してＰＡＲＣ）である。私の長男が10年以上過ごした研究所である。

まず、この研究所のもったいない失敗の話からしよう。時は１９７７年、場所はフロリダ。ゼロックス社の世界中の社員が集まった年会で、ＰＡＲＣで開発されたパソコンＡＬＴＯのシステムが幹部に紹介された。マウスによるウィンドウ操作を導入した最初のコンピュータで、メモリーに保存した図面や書類を呼び出して、その編集、図表の表示などができる。これこそ、単調で退屈なオフィスワークを大幅に減らし、事務職の人間を解放する未来のオフィス。大きなビジネスチャンスだと開発者たちは自信を持ってデモを始めた。

しかし、本社幹部の決定はノー。当時、ゼロックスの収入源は印刷用紙、プリンター、コピアなど。さらに、ＰＡＲＣで開発されたレーザープリンターが企業向けの商用プリンターとして実用化されたばかりだった。紙ベースのオフィスを否定するＡＬＴＯはゼロックスの収入源を減少させる効果しかないと経営陣は考えたのだろう。

当時、世の中はどうなっていたか。１９７０年代後半以降になると、ＰＣ時代が始まる。ビル・ゲイツ（Bill Gates）とポール・アレン（Paul Allen）がマイクロソフトを立ち上げたのは1975年で、スティーブ・ジョブズ（Steve Jobs）とスティーブ・ウォズニアック（Stephen Wozniak）がApple Iを発売したのが1976年、そして、IBM PCが発売になったのは1981年と続く。PC時代の幕開けであった。

さらなる市場拡大は、Apple II（1977年発売）で決定的となる。発売台数は毎年倍になり、5年後には数十万台に達した。後継モデルApple IIc（1984年発売）にはマウスがついている。そのマウスのアイデアは、スティーブ・ジョブズが1979年、技術提供を受けるために訪れたPARCであったというのは有名な話である。

せっかくのビジネス拡大の機会を活かせなかった企業経営者と、一方でそれをそばで見ただけで「これだ」と製品に取り込んだ経営者の見事な対比が窺える。

PARCがコンピュータサイエンス方面に与えた影響は大きく、マウス、Smalltalk、イーサネット、レーザープリンターなどの発明が行われ、他にグラフィカルユーザーインタフェース（GUI）、ユビキタスコンピューティングなどの研究開発も行っていた。デバイス領域ではVLSI、半導体レーザー、電子ペーパーなどの研究もしていた。

PARCは2002年、ゼロックスの研究所から完全子会社となり、医療技術、エレクトロニクス全般などについて研究を行っていた。

しかし、2023年にPARCはSRI（スタンフォード研究所）に寄贈された。ただし優先研究契約があり、SRIはゼロックスとその顧客に委託研究開発サービスを優先的に提供するという。

コンピュータ需要の変化に遅れたDEC

ディジタル・イクイップメント・コーポレーション（Digital Equipment Corporation、略してDEC）という企業名を知らない人も出てきているかもしれない。ケネス・ハリー・オルセン（Kenneth Harry Olsen、1926〜2011）はアメリカの技術者。1957年にハーラン・アンダーソン（Harlan Anderson、1929〜2019）とともにディジタル・イクイップメント・コーポレーション（DEC）を創業している。

私の現役時代、特に石油会社の中央研究所でボーリング孔の外壁の画像検査をするシステムを開発していたとき、主力のコンピュータはDECのPDPやVAXというミニコンピュータだった。1970〜80年代、ミニコンピュータのDECはMainframe（大型汎用コンピュータ）のＩＢＭに次いで、コンピュータ業界では元気のいい企業であった。

ＰＤＰ（Programmed Data Processor）とＶＡＸ（Virtual Address eXtension）の二つのブランドは１９７０~80年代には、科学技術分野において最も一般的なミニコンピュータだった。私は毎年開かれるＤＥＣのユーザーグループのシンポジウム（DECUS symposium）に行くのを楽しみにしていたものだ。

１９８０年代になると、パーソナルコンピュータ（ＰＣ）の台頭やＵＮＩＸワークステーションの人気など、新しいテクノロジーと市場の変化が起きた。ＤＥＣはこれらの変化に対応することができず製品ラインの統合に失敗し、１９９０年代初頭には市場シェアと収益は急速に減少し、会社の経営状態は悪化した。１９９２年には大規模なリストラや合理化を行い、従業員の削減を余儀なくされ、１９９８年にコンパックに買収された。

ベル研究所　Bell Laboratories

この研究所の母体は、グラハム・ベル（Alexander Graham Bell、１８４７~１９２２）が電話の発明で授与されたボルタ賞の賞金で設立したボルタ研究所だ。１９２５年にＡＴ＆Ｔ

とウェスタン・エレクトリック社が合同で出資して、グラハム・ベルに因んでベルの名をつけたといわれる。したがって主な課題は電話事業の技術的サポートで、ウェスタン・エレクトリックが開発・設計・支援をして、電話会社であるＡＴ＆Ｔに供給することだった。

その後ベル研究所の親会社は、ルーセント・テクノロジー、アルカテル・ルーセント、さらにノキアと変遷したが、さまざまな成果を上げていた。

この研究所は８人の研究員がノーベル賞を受賞したが、一番有名なのは１９５６年にトランジスターの発明でノーベル物理学賞を受賞したショクリー（William Bradford Shockley、１９１０〜１９８９）だろう。さらに、ショクリーとともに受賞したジョン・バーディーン（John Bardeen、１９０８〜１９９１）は、のちに超伝導研究で二つ目のノーベル物理学賞を１９７２年に受賞した。

その後、基礎理論より無線や光ファイバーなど応用方面に力点を置いていた。しかし、研究開発政策の失敗から、近年は「衰退の悲劇」とまでいわれるようになってしまった。現在はノキア（フィンランドの通信・無線技術の開発ベンダー）の子会社である。

さて、ここからはいまのところ成功している例である。ＩＴ企業の長である５社

（Google・Amazon・Facebook・Apple・Microsoft）の頭文字を取って、ＧＡＦＡＭと呼ばれることがある。そのうちいくつか取り上げてみる。

固有システムで成功したApple

１９７６年４月、スティーブ・ジョブズ（Steven Paul Jobs）とスティーブ・ウォズニアック（Stephen Gary Wozniak）が立ち上げたのがApple Computer社である。売り出したのは、ウォズニアックが設計・開発したApple I。続いて、１９７７年に発売された「Apple II」が大ヒット。

私もこれを購入して愛用したことを覚えている。もう一点記憶に残っているのは、ソフトウエアがハードウエアの売上に貢献したということ。そのソフトウエアというのは、VisiCalc（ヴィジカルク）という表計算ソフトで、マイクロコンピュータをホビーツールからビジネスツールへと変貌させたといわれるソフトウエアであった。多くの小企業が購入した。

１９８４年には初代「Macintosh」を発売した。その後ウォズニアック、ジョブズともに、Appleを去る。そしてAppleはOSの開発に失敗。ジョブズが復帰して1998年にiMac、2001年にiPodで、Appleは再びパソコン業界のリーダーになる。

2007年、Apple初のスマートフォン「iPhone」を発売して大成功。Mac・iPod・iPhone・Apple Watchと独自の製品ラインで決まった顧客層を確保した。

汎用システムで成功したMicrosoft

1974年、世界初のパーソナルコンピュータ「Altair8800」が登場する。中高時代の学友であったビル・ゲイツ（William Henry Gates III）とポール・アレン（Paul Gardner Allen）は大学生になっていたが、このAltair8800に夢中になる。そして、これのためのBASICプログラムを開発する目的で、1975年に二人はソフトウェア会社Microsoftを設立する。私は、このマイクロソフトBASICを自分のパソコンで使っていた。

そこまでは無数にある弱小ソフトウエアメーカーの一つであった。しかし、IBM PCパーソナルコンピュータの開発で、マイクロソフトにとって千載一遇のチャンスが巡ってきた。1980年、IBMは新しく開発するIBM PCのためのソフトウエアは自社開発はせず、すべて外部から調達する方針を立てた。

ＩＢＭはオペレーティングシステム（ＯＳ）の可能性として、シアトル・コンピュータ・プロダクツとマイクロソフトと交渉。その経緯はいろいろなところに書かれているが、最もわかりやすいのは、RightCode（脚注⑩）によるものだろう。時間的な経過がよく書かれている。

また当事者が書いたものとしては、西和彦著『反省記 ビル・ゲイツとともに成功をつかんだ僕が、ビジネスの〝地獄〟で学んだこと』（ダイヤモンド社、２０２０）が臨場感があって興味深い。西和彦はマイクロソフト本社の副社長であった。

マイクロソフトのＭＳ－ＤＯＳとデジタル・リサーチのＣＰ／Ｍ86の戦いはＭＳ－ＤＯＳの勝ちとなった。さらにマイクロソフトはＩＢＭに対して、買い取り方式ではなくライセンス方式にすることを認めさせた。それによってＩＢＭ ＰＣと互換の他のメーカーにも広く自由なＯＥＭ供給を認めさせたことが、のちのマイクロソフトの躍進の原動

⑩ https://rightcode.co.jp/blog/it-entertainment/os-cpm-gary-arlen-kildall

力となったといわれる。

デファクトスタンダード化で成功したのがマイクロソフトであった。その後、グラフィカルユーザーインタフェース（ＧＵＩ）を組み込んだWindows OSを発売して、ＰＣシステムだけでなく、スマートフォン、サーバ、スーパーコンピュータまで幅広い機器にインストールされるようになった。また、ワードプロセッサ、表計算、データベースなどの優れたオフィス製品を発表し始めた。

最近では生成ＡＩツール「Microsoft Copilot」をWindowsに組み込むという発表をしている。

多様化で大きくなるGoogle（Alphabet）

何度も書いているように、GoogleはStanford大学の大学院生であったラリー・ペイジ（Larry Page）とセルゲイ・ブリン（Sergey Brin）が作った検索エンジンのソフトウエア会社であった。しかし、２０１５年に親会社Alphabet Inc.を設立して、グーグルとそれ以外の子会社を分けた。Alphabetにはテクノロジー・生命科学・投資・研究など幅広い分野が含まれる。

現在Googleは、ソフトウエアに加えてスマートフォン（Google Pixel）・タブレット（Google Pixel Slate）・スマートウォッチ（Google Pixel Watch）などAppleに対抗するハードウエアもある。腕時計は、ウェアラブルデバイスを手掛けていたFitbitを買収した。私はApple Watchの前にFitbitを使っていたが、そのバッテリーの持ちのよさが印象に残っている。

Google Nest Hubは音楽や動画などのスマートホームの操作も扱えるハードウエアで、対抗しているのはAmazonのEcho Showである。

Google Oneは、Googleドライブ・Gmail・Googleフォト共通の保存容量を追加できるオンラインストレージ（オンライン上のファイル保管サービス）である。

ごく最近では、ChatGPTの対抗馬として自社で開発した対話型ＡＩシステムであるGoogle Bardを提供し始めている。ChatGPTと違ってGoogle Bardでは、Google検索と連動して回答を行うことが可能なので、Ｗｅｂ上からリアルタイムで最新の情報を参照できる。

Googleは、そのように検索エンジン・オンラインサービス・生成ＡＩなどからハードウエア製品に至るまで、ビジネスの多様化を図っている。

直販方式通信販売で成功したDell

テキサス大学オースティン校の学生だったマイケル・ソール・デル（Michael Saul Dell）が、商売を始めた頃のことを私は知っている。1984年、彼が19歳のときに学生寮の自室でコンピュータ会社「PC's Limited」を起こす。その後、大学を中退して一時PC関係商品の小売店などもやっていた。その小さな店の一つがダラス郊外にあり、近いので私はよく行っていた。

そしてまもなく、注文生産したPCを直接顧客に販売するというネットビジネスを始める。PC本体・モニターの大きさ・グラフィックス・メモリの大きさ・ディスクの種類など、自分の好みで注文すると組み立ててくれるのである。他と違うのは、途中の組み立て進行過程を逐次メールで知らせてくれることである。そして、発送されましたので何月何日配達の予定ですと知らせが来るときまでに、注文した本人の気持ちは最高潮になっているというわけだ。

コンピュータ業界初の注文直販制度を採用したことで会社は急成長を遂げ、1988年には「デル・コンピュータ」の社名でNASDAQに株式公開を果たす。ときにデルは24歳！　その後も会社の成長は順調で、1992年にフォーチュン・グローバル500入りを果たす。

私も初期の頃アメリカでも購入したし、だいぶあとで日本に帰国してからも、マック党の私にもWindowsのPCが必要になって、デルのシステムを購入して使っていた。

特に進んだ技術とか特別のアプリがあったわけではないが、独特な販売の仕方で大成功をしたのは、やはりデルの優れたビジネスセンスの賜物だったのだろう。

第八章　人生計画と産業革命

一人の人間の人生は、本人の意志だけではなく、社会環境の変化によっても大きく変わる。特に、技術革新によって生産活動が機械化され生産性が一気に向上するという社会の急激な変化が、世界的な規模で起こることがある。それは産業革命と呼ばれる。

過去に起こったもの、それに起こりつつあるものを挙げてみると、

産業革命	時期	内容
第1次	18世紀	石炭燃料による工業化
第2次	19世紀半以降	石油燃料を用いた工業化
第3次	1970年代初頭	機械による作業の自動化
第4次	2010年以降	ビッグデータ、IoT、AI、ロボット
第5次	2020年代前半以降	チャットGPT・人型ロボット・AI画像生成

1次と2次は学校で習っただけで、時期からいって当然実体験はない。そして、この二つはともにエネルギーに関しての産業革命だ。残りの三つはすべて情報に関してである。第3次は情報の「移動」、第4次は情報の「整理・検索・系統化」で、第5次になると情報の「生成」である。ちょっと単純化しすぎているかもしれないが、私にはそう思われる。第3次からは体験として記憶していることもある。総論というより自分の肌で感じた個人的な感想としてお話ししよう。

第3次産業革命――インターネットの発達

1950年代の末、軍事利用のための先端技術の研究開発を行う組織として、ARPA（Advanced Research Projects Agency、高等研究計画局）、のちにDARPA（Defense Advanced Research Projects Agency、国防高等研究計画局）が発足した。これがインターネットの始まりになった。その後、ARPAは軍事目的に限らず、一般のさまざまな研究への資金提供も幅広く行うようになる。1970年代に入ると、国の機関や教育機関もそのネットに接続されるものが少しずつ増えてきた。

1970年代の半ば、私はカーネギーの研究所から大学に移っていたが、元のボスと共著の論文をいくつか書いた。その下書きは印刷して郵便で交換する。そのたびに両方でいろいろ手を入れるので、論文を一つ仕上げるのに結構時間がかかる。

ちょうどその頃、大学や研究所もARPANETにつながるようになって、ネットでファイルを送れるようになった。郵送にかかる時間も節約できたし、なんといっても紙からファイルにして編集、それをまた印刷するという手間がなくなって、世の中本当に便利になったと感激したことをいまでもよく覚えている。それが私のインターネット初体験、すなわち、第3次産業革命との出会いであった。しかし、個人でインターネットが使えるようになるのは、もう少しあとのことだった。

日本でも、1980年代半ばから1990年にかけてインターネットが発達し、アメリカのネットワークとも接続されるようになった。私がボストンのベンチャー企業に入社したのは1991年であったが、日本企業との連絡は緊急を要する場合の国際電話以外はもうほとんどインターネットを使っていた。

考えてみてほしい。それまでのように郵便だと日本の会社との連絡は航空便でも往復十日から2週間はかかる。それが、時差を考えても当日か翌日に返事がもらえるのである。商売の速度が変わった。まさに、産業革命と言えるだろう。

【メールの仕組み】 インターネットを使ったメールの歴史はちょっと郵便に似ている。国際郵便は、1874年にスイスのベルンで万国郵便連合（UPU）が設立され、加盟国間の郵便サービスに関する基本的な原則やルールが確立された。

インターネットのメールにも、ICANN（The Internet Corporation for Assigned Names and Numbers）という国際組織が1998年に設立された。この組織は、インターネットのドメイン名システム（DNS）の調整およびIPアドレスの割り当てなど、インターネットのリソースの一意性を確保・管理している。

住所と名前のようなものがあって、デバイスと使う人がそれぞれ他にない唯一の符号を持っている。住所にあたるものは物理的なデバイスの番号で、IPアドレス（Internet Protocol Address）という数字が割り当てられている。

そのうち一番よく使われるIPv4（Internet Protocol version 4）アドレスと呼ばれるも

のは、四つの数値（2進法で8ビット、10進法で0～255の数値）で表され、各数値はピリオド（ドット）で区切られる。例えば、192.168.0.1というように。このIPアドレスは、メールが配達できなかったときのエラーメッセージなどに出てくるのでご覧になったことがある方もあるだろうが、ふだんは自分ではそれほど使うことはない。

その代わりに、発信したり受信したりする企業や人には、ユーザーネームというものがある。数字ではなく、例えばusername@www.example.co.jpというような符号が使われている。一般的に、ユーザーネームはアットマーク（@）の前にくる部分で、特定のアカウントやプロフィールを指す。アットマーク（@）の後ろの部分はドメインネームと呼ばれ、そのトップレベルは先のICANNという国際的な非営利団体が決めることになっている。しかし、ICANNの下部組織として、ドメインネームのトップレベルの割り当てができる組織がいろいろあるようだ。

ドメインネームは基本的には4階層があって、例えば先に使ったusername@www.

ドメイン名の構成

レベル	④	③	②	①
	ホスト名	ドメイン名	組織符号	国符号
例	@www	.example	.co	.jp

example.co.jpの例では、一番右のトップレベルから順に国別コード・組織別コード・ドメイン名となり、第4レベルはwwwとかmailとか付くこともあるしないこともある。

ここで、よく使われる国別コードと、組織を表すコードの例をいくつか表にしておく。

私は、怪しそうなメール、例えばフィッシング詐欺メール（ネットバンキングやクレジットカード会社、有名企業になりすまして個人情報をだましとろうとするメール）と疑われるメールでは、その発信国名を調べることが多い。そうすると、全然関係のない国からになっていることがあるので、そんなメールは無視して削除してしまう。

国符号の例	
jp	日本
us	アメリカ合衆国
ca	カナダ
gb	イギリス
de	ドイツ
fr	フランス
cn	中国
kr	韓国
in	インド
br	ブラジル
au	オーストラリア
ru	ロシア

第4次産業革命――検索エンジン・クラウドサービス・IoT

第4次産業革命では、新たなデジタル技術やソーシャル・ネットワーキング、人工知能、ビッグデータ、自動運転、クラウドコンピューティングなど、複数のテクノロジーが相互に影響し合いながら産業の枠組みを変えていった。

Googleは優れた検索エンジン技術を開発し、インターネット上で情報を迅速に検索・アクセスできるようになった。これにより情報の検索が劇的に簡素化され、インターネットの利便性が向上した。

先に技術移転事務所（TTO）の項で書いたように、GoogleはStanford大学の大学院生であったラリー・ペイジ（Larry Page）とセルゲイ・ブリン（Sergey Brin）が作った。1998年に非公開の会社として設立され、2004年に最初の株式公開がされた。ちなみに、社名Googleは「googol（グーゴル）」という数学用語から来ているといわれている。googolとは、10の100乗（すなわち1のあとにゼロが100個ついた数）だそうだ。語末-golを-gleと綴りを間違えたという説もある。

私は、Googleでインターネット検索できるようになった頃のことを覚えている。その検索速度の速さとカバーする情報の広さに感激した。検索要求のたびに元の記録を検索するのではないことはわかる。「検索キーワード」に対して、最も合致すると思われるウェブページを検索結果として表示するシステム、すなわち検索エンジン（search engine）の素晴らしさである。

ウェブページの情報を収集するために、クローラーという自動ソフトウエアを使ってリンクやサイトマップをたどってウェブをクロールして、インデックスに登録された膨大な数のウェブページとの関連性を評価し、ランキングを決めている。そのランキングは常に更新されながら、複数のデータセンターやサーバーで蓄えられている。Googleの情報は世界中のデータセンターやサーバーに分散して蓄えられ、高度なインフラストラクチャとセキュリティ対策を通じて管理されているという。

【オンライン百科事典】ウィキペディア（Wikipedia）は、2001年にジミー・ウェールズ（Jimmy Wales）とラリー・サンガー（Larry Sanger）の二人によって始められた。ウィキという共同編集のシステムで、誰でも登録すれば編集できるオープンな百科事典。"Wiki"はハワイ語で「急いで」「素早く」を意味しているそうだ。

情報技術の進化やデジタル化の進展によって、第4次産業革命の時代において重要な役割を果たす。情報とデジタル技術が産業や社会の変革を牽引しており、Wikipediaのようなオンライン情報プラットフォームが情報共有や知識普及に影響を与えている。

私はウィキペディアをよく使う。特に人名辞典としても重宝している。その人の業績の他に、生年・没年・両親・子供・配偶者など決まった情報が入っているし、亡くなったりして内容に変化があると、割合に早く更新されている。外国人の場合、名前のスペルなどを確認するのもウィキペディアが多い。

百科事典の内容については、質を保つために出典の明記・編集履歴の保存・管理者との対話など、プロセスが決まっているそうだ。

2023年9月現在、336言語のウィキペディアが開設されているという。記事数では無論英語が一番多いが、言語別でいうと日本語版は12番目だという。

Wikipediaを使われる方は多いだろうが、百科事典以外にいろいろな姉妹プロジェクトがあることをご存じだろうか。これら全体を総括支援しているのは、ウィキメディア財団Wikimedia Foundation（WMF）という非営利団体である。姉妹プロジェクトの例を挙げると、

ウィキブックス（Wikibooks 脚注⑪）：無料でアクセスできる教科書や学習教材

ウィキニュース（Wiriness 脚注⑫）：ニュースに関する記事
ウィキバーシティ（Wikiversity 脚注⑬）：教育や学習。オンライン教材・講義・研究
ウィキクォート（Wikiquote 脚注⑭）：有名な引用や格言。文学作品などから
ウィクショナリー（Wiktionary 脚注⑮）：多言語、多国籍の辞書および類語辞典
ウィキスピーシーズ（Wikispecies 脚注⑯）：生物の分類情報

例えば、秋の季語「赤とんぼ」で何かないかとウィキクォートを見てみると、次の三つの引用があった。

小春日や石を噛み居る赤蜻蛉　村上鬼城『定本鬼城句集』

---

⑪ https://ja.wikibooks.org/wiki/メインページ
⑫ https://ja.wikinews.org/wiki/メインページ
⑬ https://ja.wikiversity.org/wiki/メインページ
⑭ https://ja.wikiquote.org/wiki/メインページ
⑮ https://ja.wiktionary.org/wiki/Wiktionary:メインページ
⑯ https://species.wikimedia.org/wiki/メインページ

夕やけ小やけの赤とんぼ 負われて見たのはいつの日か　三木露風作詞『赤とんぼ』

赤蜻蛉筑波に雲もなかりけり　正岡子規

また、ウィキスピーシーズでは、数百万といわれる生物の分類が英語で記述されている。

【クラウドサービス】 クラウドサービス（Cloud Service）は、インターネットを通じてコンピュータリソースやサービスを提供するモデルを指す。従来の方法と異なり、ユーザーは自身のコンピュータやデバイスに物理的なハードウエアやソフトウエアをインストールする必要がなく、必要なリソースやサービスをインターネット経由で利用できるようになる。

例　Gmail、Googleカレンダー、Googleドキュメント、Office365、zoomなど

【アイオーティィ】 ＩｏＴ（アイオーティィー Internet of Things）とは「モノのインターネット」のこと。スマートスピーカーやスマートホーム、自動運転車など近年急速に実用化が進んでいる先端テクノロジー。現在注目を集めているＤＸ（デジタル・トランスフォーメーション）推進においても、ＡＩやビッグデータなどと並ぶ重要なファクターの一つ。

例えば、デバイスとインターネットが連携し、データの収集や分析、制御などを行うこと。

テレビ広告で、風呂のお湯が出始めたのを見て、子供が「あっパパが帰ってくる」と玄関に迎えに出ていく、というのがあった。父親が家の近くまで来て、携帯電話で風呂のお湯を出す司令を送ったのだ。

第5次産業革命——生成AIの出現

世の中は大きく変わりそうだ。画像生成AIのStable Diffusionや、テキスト生成AIのチャットGPTに代表される生成AIである。生成AIには、入力としてはテキスト、画像、音声がある。

テキスト生成AI：ユーザーが質問を入力すると、AIが質問の内容を解析して、回答となるテキストを生成する。

画像生成AI：ユーザーがテキストやデータを入力すると、その内容に応じてAIがオリジナル画像を生成する。静止画だけでなく、動画生成AIもできている。

音声合成AI：人間の声を高精度で学習し、学習済みの声色を再現したテキストを読み上げるときに、感情に合わせた表現も可能になるそうだ。

生成ＡＩとは、人工知能のうち「大規模言語モデル（Large Language Models/LLM）」と呼ばれるもので、文章の並び方に確率を割り当てる確率モデルだと説明があるが、何度読んでもピンとこなかったので、私は理解することは一旦諦めることにした。

「計算量」「データ量」「モデルパラメータ数」の三つを著しく巨大化することで、極めて精度の高い大規模言語モデルを作成することに成功したという説明を信じることにする。事前に学習したテキストデータの量は約５７０ＧＢ（ギガバイト）で、パラメータ数は約１７５０億個という数値が出ていたが、最新のモデルではもっと多いという。

それでは具体的にアプリケーションを見てみよう。

【チャットGPTの出現】 チャットＧＰＴが公開されたのは、２０２２年の12月。私が知ったのは翌２０２３年の春であった。そしてそれ以来ほとんど毎日「触って」いる。

このアプリは人工知能研究所オープンＡＩ（OpenAI）という会社が公開した。ＧＰＴというのはGenerative Pre-trained Transformer、日本語では「生成可能な事前学習済み変換器」と訳されているようだが、そんな長い訳は大変なのでＧＰＴとそのまま使われることが多い。

チャットGPTは、サービス開始からわずか2ヶ月後の2023年1月に、ユーザー数が1億人に到達して史上最も急速に成長していたインターネット・サービスだといわれている。いったい何か。「本人」に聞いてみよう。以下は、私とチャットGPTの対話である。

「チャットGPTのことを中学生にもわかるように説明してください」

もちろんです！　チャットGPTは、人工知能の一種です。人間のように自然な言葉で対話をすることができます。言葉や文章のパターンを学び、それをもとに質問に答えたり、会話を進めたりします。

具体的には、チャットGPTは大量のデータや文章を学習しています。例えば、インターネット上の文章や本などから学んでいます。そのため、さまざまなトピックや知識について質問することができます。

中学生のみなさんが知りたいことや質問があれば、チャットGPTに尋ねることができます。例えば、数学の問題の解法や科学の事実、文法のルールなどについて質問することができます。チャットGPTは、学習した情報をもとに適切な回答を提供します。

ただし、チャットGPTは人間ではなく、学習した情報に基づいて応答するだけです。間違った情報を提供することもあるかもしれませんので、注意が必要です。また、感情や主観的な意見を持つことはありません。

要するに、チャットGPTは中学生のみなさんの質問や疑問に対して、学習した知識に基づいて回答することができる人工知能です。いろいろなことを教えてくれたり、質問に答えてくれる頼もしい存在です！

「今度は、コンピュータに詳しい情報関係の人に、専門的に説明するとどうなりますか」

情報技術関係の専門的な説明では、チャットGPTはGPT（Generative Pre-trained Transformer）と呼ばれる自然言語処理モデルの一種です。GPTは、大規模なトランスフォーマーニューラルネットワークを使用しており、大量のテキストデータを学習することで自然言語の理解と生成を行います。

GPTの学習は、事前学習（Pre-training）と微調整（Fine-tuning）の二つのステージで行われます。事前学習では、大量のインターネット上のテキストデータを使用して、モデルは文章のパターンや文脈を理解するための知識を獲得します。このステージでは、教師なしで学習が行われ、予測タスクに基づいてモデルがトレーニングされます。一度事前学習が完了すると、微調整ステージに移ります。このステージでは、特定のタスクやドメインに適応させるために、追加のデータセットを使用してモデルを微調整します。例えば、質問応答タスクや会話生成などの特定のタスクに対応できるようになります。

チャットGPTは、ユーザーの入力に対して自然な応答を生成するために、学習済みのGPTモデルを利用します。モデルは、入力されたテキストの文脈と意味を理解し、それに基づいて適切な応答を生成します。これにより、対話型のインターフェースを通じてユーザーとの会話をシミュレートすることができます。

要するに、チャットGPTは大規模なトランスフォーマーモデルを使用して、大量のテキストデータを学習し、ユーザーとの対話を通じて自然な言語生成を行うことができるAIモデルです。

とまぁ、こんな問答が10秒ほどでできるのである。反応の速さと言葉遣いの自然さが印象的である。これまでの人工知能プログラムとは「肌触り」が異なるとでも言おうか。考えてみると、この感覚はまず答えの内容、加えてその自然な表現の二つに圧倒されるのである。さらにふざけてみる。

「中学生にもわかるように、関西弁で説明してくれへんか？」

ええと、関西弁で言うとな〜

チャットGPTってんは、大きいコンピュータの頭脳みたいなもんで、いろんな質問に答えてくれるんや。例えば、「なんで空は青いん？」って聞いたら、それに答えてくれるぐらいええ頭してるんやで。勉強しまくったんやけど、最後の勉強は2021年やから、それより新しい情報は知らんで。中学生のテスト勉強にも使えるかもしれんで？とこんな感じで、簡単に言うと大きな賢いコンピュータの友達みたいなもんやね。

「そんなら、東北弁じゃどうだべ？」

東北弁で言うとな〜、
チャットGPTってのは、でっかいコンピュータの脳みたいなもんだべさ。お前が何か質問すれば、その答えを教えてくれるんだよ。でも、2021年までのことしか知らねえから、それより新しい話はわかんねえけどな。要するに、すごい頭のいいマシンの友達みたいなもんだべさ。
このくらいでわかりやすいかね？

ちょっとふざけすぎたかもしれないが、感触を掴んでいただけたと思う。
思い出してみると、1980年代のはじめにAI（人工知能）ブームがあった。私も特に画像認識の分野で興味を持っていたので、ニューラルネットワークなど一応勉強はしていた。学問的な研究だけでなく、一儲けできそうだとベンチャーもたくさんできた。1981年創立のコグネックス社もその一つだった。そして、その10年後私がそこに入社した頃は、他の会社はほとんどだめになっていたが、コグネックスはAIというより、地道なアルゴリズムとハードウエアの開発で生き残っていたのだろう。検査の対象は電子機器の回路基盤の上の半導体部品の認識・自動車の番号読み取り・飲み物や薬品の容器の品名ラベルの確認などいろいろあった。しかし、ＡＩとは言い難い。

それに比較してチャットＧＰＴは、説明内容の詳しさと、表現の仕方の見事さの両面で卓越している。理論的に箇条書きにするのも得意なようだ。学習した情報をどのような形で蓄積しているのか、それを効果的に読み出す工夫は？　そして、もう一つはその言語的表現の仕方をどのように調整しているのか――。

これから数年、チャットＧＰＴをはじめとする生成ＡＩは、コンピュータだけでなく職場環境でも大きな影響を与えるだろう。アメリカでは、俳優や脚本家たちがＡＩに仕事を取られる危機感を強めて、俳優組合がストライキを始めているという。確かに、筋が決まれば脚本を書くなど生成ＡＩの得意とするところであろう。

息子の話によると、アメリカでは弁護士は大丈夫だろうが、パラリーガル（専門的な知識とスキルを持った法律事務職員）などの仕事はだいぶ減るだろうということだった。確かに、一般にいろいろな分野の専門アシスタントの必要性が減ることは起こるかもしれない。

逆にいうと、このような生成ＡＩをうまく使って、一人で普通の人の何人分かの仕事をやる人材が必要になってくる可能性は大である。このような世の中の激変期は、「太く生きる」機会も増える絶好機なのではないだろうか。まさに、ライフシフトの時代である。

チャットGPTは文章力では秀でているが、いくつか足りないところがある。まず、データが最新ではないこと。現在のGPT－4は2021年9月までの情報しか入っていないので、それ以降のことを聞いてもダメである。また、創作性が勝っていて事実でないことが入っていることがよくあるから気をつける必要がある。例えば、引用している文献なども架空のもので実在していないことがよくある。

【その他の生成AI】チャットGPTと似た対話チャットAIアプリケーションもいくつか出ている。例えばマイクロソフトが提供する検索エンジン「Bing」は、GPT－4を利用した上に最新の検索エンジンの情報をベースに回答を生成するため、チャットGPTと比較すると最新の出来事に関する情報を得られやすい。例えば「大谷翔平の最近のニュースは？」と聞くと、ホームランのことや右ひじの手術のことを答えてくれる。もう一つ、Bingは引用元の文献も明記していることが多い。

また「Google Bard（グーグルバード）」は、検索エンジン最大手であるGoogleによって開発された対話型ＡＩである。２０２３年3月にアメリカとイギリスで一般公開され、日本語版はその年の5月からスタートした。なお「Bard」という単語は、日本語の「吟遊詩人」「歌人」などの意味だそうだ。

Google Bardは自社開発の大規模言語モデルLaMDAを使っているという。Google検索と連動しているので、マイクロソフトのBingと同様に、Ｗｅｂ上から常にアップグレードされている最新の情報を使っている。ただ、チャットＧＰＴの流行を見てリリースを急ぎすぎたといわれてもいる。今後のアップデートが望まれる。

【文章作成以外の使い方】 画像生成ＡＩや音声合成ＡＩがあるが、私自身まだ十分には「遊んで」いないので次の機会に回す。

生成ＡＩに出会って考えること

生成ＡＩが出てくる前に死なないで本当によかったと、80歳を過ぎた私は思う。新しい時代の始まりを見たという感じがしている。いろいろ考えさせられることがあるので、最後にそれを書いておこう。

子供の成長を思い出した。2〜3歳の子供でも、近親者や自分のうちのペットなどはきちんと認識している。また、欲しい物、やりたいことなど、はっきり自己主張する。頭の中にはどのような「データ」があるのだろうか。そもそも、自己主張はどのように形成され、それを表現する言語能力はどのように発達していくのだろう。それにしても、自分の意思についてはそれほど明確に意識しているわけではないだろう。そして、「目標」は自分ではそれほど明確に認識しているわけではないが、少なくとも「方向」だけは合っている。

チャットGPTを見ていると最終的な答えはそれほど明確にわかっているわけではないが、少なくとも正しそうな方向は認識している。例えば東北弁でと言われて、そもそも東北弁とは何か定義はできなくとも、方向は間違っていない。

チャットGPTを少し理解しようとして本を読むと、多層のニューラルネットワークを用いた機械学習の手法、深層学習（ディープラーニング）を使っていると書いてある。

人間が何かを考えたり記憶する場合、脳の神経細胞が互いに結合しながら、刺激として情報を伝達、処理する。神経細胞同士は「シナプス」と呼ばれる結合部位を使って互いに結合している。さらに続けて、神経細胞は複数の入力値（X1……Xn）を受け取り、その値を合計した結果が閾値《いきち》を超えたら、何らかの値を出力する。つまり、このルールを数式にできれば、脳のメカニズムを数式化できる――。とはいうが、まだ私にとってはフムフムというだけである。

【チャットGPT――参考文献】 私が最近一番たくさん買っている本は、チャットGPT関連である。ハウツーもの・関連ビジネス・労働市場の変化などなど。よく言われることだが、そのうち1冊だけ無人島に持っていけるとしたら……。

◆スティーヴン・ウルフラム著『ChatGPTの頭の中』(早川書房、2023)である。まず薄いこと。そして、図が多いこと。応用よりも、原理の本質的な説明だと感じさせるからである。

もし2冊持って行けるとしたら、加えて……

◆岡野原大輔著『大規模言語モデルは新たな知能か　ChatGPTが変えた世界』(岩波書店、2023)であろう。

ともにまだ理解はできないが、生成AIの使い方ではなく仕組みが説明されているような気がしている。少しずつ勉強しようと思う、そんな理論的なことより、使い方を知りたいという方向きには、「50代からの」という次の2冊が一番やさしい入門書だろう。

◆『たちまち使いこなせるようになる　50代からのChatGPT超入門』（メディアックス、2023）

◆「最新AIかんたん活用術！50代からはじめるChatGPTスタートガイド」（ジーウォーク、2023）

ニュース性が高いのは雑誌の類で、私は目につくと求めて、ぱっと眺めてから積読している。

◆「Newton　2023年7月号および10月号」、「日経PC21　2023年8月号」、「日経サイエンス　2023年10月号」、「週刊ダイヤモンド 2023年6月10・17合併号および2023年9月9日号」、「プレジデント2023年 6月30日号」、「週刊東洋経済　2023年4月22日号および2023年7月29日号2023／7／29特大号」、「日経トレンディ　2023年7月号」

チャットGPTの一般的な利用は文章関係が大部分で、参考書も多すぎるのでここでは挙げない。ちょっと違った応用で私が便利だと感じてよく使うのが、表計算のEXCELとの連携。次の3冊は参考になる。

◆立山秀利著『図解！ ChatGPT×Excelのツボとコツがゼッタイにわかる本』（秀和システム、２０２３）

◆たてばやし淳著『学習と業務が加速する ChatGPTと学ぶExcel VBA&マクロ』（ソシム、２０２３）

◆植木悠二著、古川渉一監修『ChatGPT API×Excel VBA 自動化仕事術』（インプレス、２０２３）

最後に、使い方でもなく原理の説明でもなく、ビジネスへの影響、特にこれから「太い生き方」を考える人にとって、求人市場への影響には参考になると思われる本を2冊挙げておく。前者では、関連する会社の経営者や大学教授とのインタビュー、後者では師弟対談もおもしろい。

◆馬渕邦美著『ジェネラテブＡＩの衝撃』（日経ＢＰ、２０２３）

◆今井翔太著『生成ＡＩで世界はこう変わる』（ＳＢクリエイティブ、２０２４）

第九章　私に残された時間

引退して日本に帰国して以来、私はほぼ10年ごとに人生の目的を少しずつ変えてきた。60代では、ダンス・篆刻・鳥の木彫・木版の焼き絵・鉛筆画など趣味に生き、70代では図書館や市議会などコミュニティー活動に携わってきた。80代になってどうするか？

いままでと違って、次の10年というわけにはいかない。平均でいっても、何年生きられるかわからないからだ。実際、欠けていく同級生も増えて、毎年の同期会は前の年に亡くなった友達への黙祷から始まることが多い。そこで最後の章では、これから何年生きられるかを考えてみることにした。

寿命に関する基礎的な数値

［平均寿命］人生１００年とか人生１２０年とかいうのは、人の寿命の長さであるというのは想像がつく。２０２３年７月に厚生労働省が発表した２０２２年分データによると、

日本人の平均寿命は男性は81・05年、女性は87・09年だそうだ。それでは、「平均寿命」というのは一体なんだろう。例えば、私はいま82歳である。えっ？　じゃもう残りがないのか——。というのは実は正しくない。もう少し長生きできそうだ。その説明をする前に、新聞記事の話から。

２０２３年5月のことだったが、私の住んでいるところからそれほど遠くない川崎市麻生区がニュースになった。平均寿命統計で、川崎市麻生区が男女とも日本で最も長寿の市区町村だったのである。２０２０年完全生命表（厚生労働省）によると、男性84・０歳、女性89・２歳だという。人口20万人以下の町で、男女ともに日本一という出来すぎた話。

それを報じた朝日新聞には、多摩丘陵の里山が連なる坂道の多い街で、住民は「足腰が鍛えられて健康な人が多いのかも」などという説明までついていた。私の住んでいる多摩市と、比較のため東京と日本全体の平均寿命を調べてみた。男性、女性の順に、

平均寿命	日本	東京都	多摩市	麻生区
男性	81・6	81・8	82・7	84・0

女性	87・7	87・9	88・1	89・2

同じ坂道の多い多摩丘陵のせいで、多摩市も、東京都や日本の平均よりいい。

何となくわかっているような人口統計の定義の正確な意味を、もう一度確認しよう。数表や数式は正確でいいだろうが、直感的に情報をつかみにくい。かわりに、おおざっぱではあるが、グラフで視覚的に理解することも試してみよう。それには、和田光平の『Excelで学ぶ人口統計学』（オーム社、２００６）が参考になった。

寿命のもう少し正確な定義を調べてみることにした。私自身これまでよく知らなかったこともあるので、しばらくお付き合いいただきたい。まず出発点として、生命表なるものから話を始めよう。

【生命表】ある地域・集団・時代の人口構成の時間的な変化には、出生・死亡・転出・転入などさまざまな要因がある。これをモデル化し、死亡だけを考えたモデルが生命表である。厚生労働省が定期的に発表している生命表には、完全と簡易の2種類があって、違いは次のようになっている。

【種類】	【発行間隔】	【出生数と死亡数】	【人口数】
完全生命表	5年毎	人口動態統計（確定数）	国勢調査（5年毎）
簡易生命表	毎年	人口動態統計（概数）	人口統計（毎年）

一番新しい厚生労働省完全生命表は２０２０（令和2）年の「第23回日本生命表」である。次の完全生命表は２０２５年の予定。

どんなものか説明しよう。一つの集団、例えば同じ地区の男性の集団の各年齢ごとの生存人数や死亡確率などを示した表である。この死亡状況（年齢別死亡率）が今後変化しないと仮定したときに、各年齢の者が1年以内に死亡する確率や平均してあと何年生きられるかという期待値などを求めるのである。

10万人の子供が生まれたと仮定して、それをモデル化する、統計から推定した死亡率は年齢ごとには変化するが、同一の年齢の死亡率は時間的には変化しないと仮定したとき、この集団はどのように変化していくかを表したのが、生命表である。

生命表は特定の時点での年齢別の生存者数や死亡者数を示している。年齢別の人口ピラミッド、出生率、死亡率、平均寿命などの情報が含まれている。
一番新しい23回生命表（完全生命表）の日本人男性の一部は次のようである。

生命表　日本人男性		
年齢(歳)	生存数	死亡数
0	100000	184
1	99816	24
2	99792	17
3	99775	11
4	99764	8
≀	≀	≀
78	69487	2482
79	67005	2639
80	64365	2822
81	61544	3021
82	58523	3230
83	55293	3442
84	51850	3646
85	48204	3826
86	44378	3979
87	40399	4087
88	36312	4133
89	32179	4098
90	28082	3985
91	24096	3807
92	20289	3568
≀	≀	≀
109	16	8
110	8	4
111	4	2
112	2	1
113	1	0

2020年　厚生労働省・第23回生命表より作成

ここで生存数は、その年齢に入ったときのもので、死亡数はその年が終わるまでの1年間のものである。グラフにしてみると、図のようになる。生命表はモデルなので、出生数は10万人と仮定されている。

平均寿命が生命表からどのように計算されるのか見てみよう。まず、「平均」の意味から。一番簡単な平均である相加平均（あるいは算術平均ともいう）であって、すべての値を足し合わせて全体の個数で割ったもの。

試験の平均点を考えるとわかりやすいかもしれない。点数の分布表があったとして、何点が何人というのを掛けて、合計して、総人数で割る。そうすると、平均点が出る。

平均寿命も同じことだが、ただこの場合、生命表のN歳の年齢欄に対応する数字は正確にはNからN＋1の間ということなので、Nではなく、N＋0・5を使う。例えば、0歳の欄では、0・5に生存数、あるいは死亡者数をかけるのである。その総和を総人数、この場合は10万人で割る。それが10万人のグループの平均寿命である。これをグラフで見ると、死亡者数と年齢の積とまだ死んでいない人数と年齢の積が等しいということで、左右で面積が等しくなるような年齢が平均寿命である（図参照）。

それが全体の平均寿命だが、もしN歳でまだ生きている人の平均寿命はどうなるだろうか。そこまで生きてきたということは幸運だったわけで、そのあと「残りの寿命」を「余命」と呼んで、Nより上の部分、グラフでは右側だけで計算する。

N歳の人の平均寿命 ＝ N＋N歳の平均余命

である。言い換えると、断りなく平均寿命と言っていたのは、0歳児の平均余命のこと

[1] 死亡者数　2020年　男性

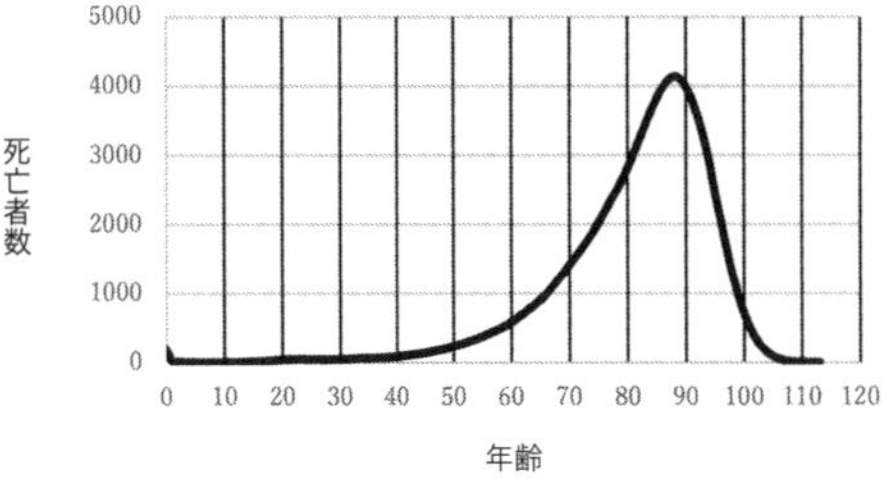

[2] 生存者数　2020年　男性

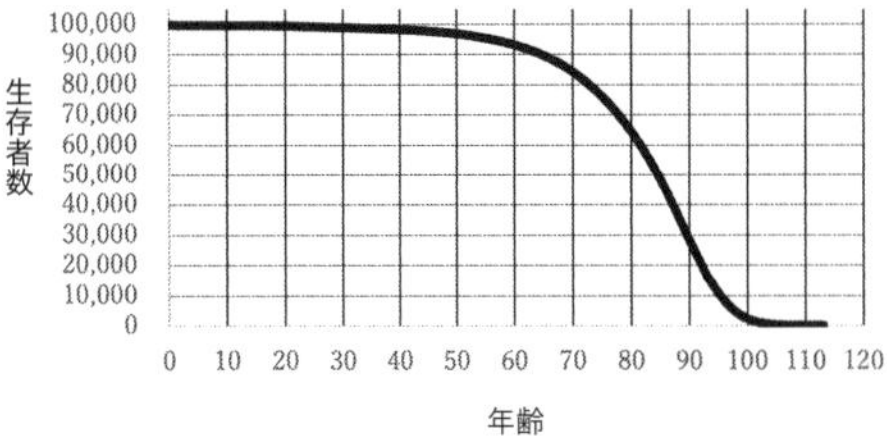

[3] 平均寿命・中位数　グラフでの定義

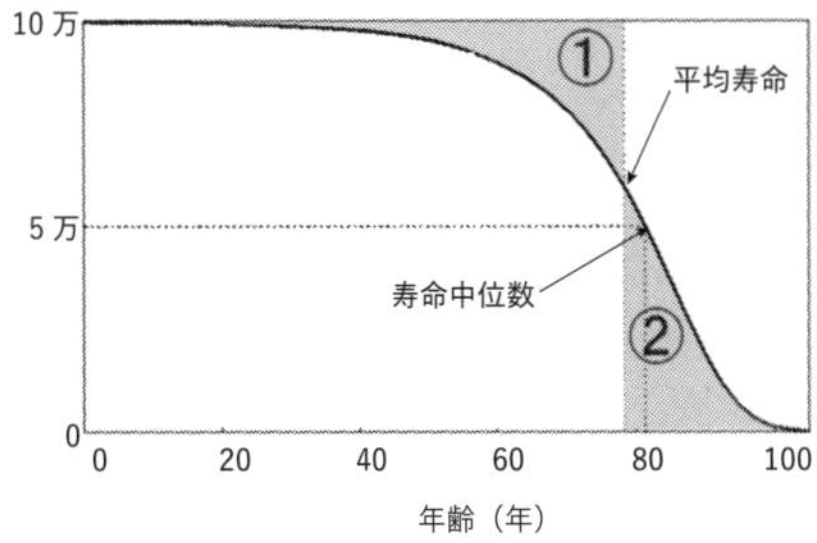

グラフ[1]、[2]、[3]は
厚生労働省・第23回完全生命表を参照して、著者作成。

だった。

全体の平均寿命 ＝ 0歳の平均余命

2020年の生命表にある代表的な年齢の余命から、この時点での平均寿命を計算すると下表のようになる。

年齢	余命	寿命
0	81.56	81.56
20	61.90	81.90
40	42.50	82.50
65	19.97	84.97
75	12.54	87.54
90	4.49	94.49

私の人生― 将来の見通し

一番新しい完全生命表の発表された2020年に、私は79歳であった。生命表から、79歳での余命は9・95、したがって平均寿命は79＋9・95＝88・95歳。そうか、90までいかないか――。というのは時期尚早で、これはあくまで2020年の予想である。これまで歴代の生命表で明らかなように、新しい生命表では長生きになる。言い換えると、今後の死亡率が低くなるということも考慮して、私の余命がゼロになる年齢を予測するのが次の試みである、

それで、歴代の完全生命表からその年での私の年齢での余命を取り出してみた。私の生まれたのは1941年であるから、1960年以降、私の年齢でいうと19歳から79歳まで

5歳おきの余命値を集めた。なお、厚生労働省のサイトには1995年以降の記録はあるが、1990年以前の記録は、政府統計の総合窓口e-Stat総合窓口で調べた。

そのようにして集めた5年毎のデータをグラフ化すると図のようになる。点の分布はほぼ線形であるが、特に50歳以降の点を線形で近似し、それを外挿《がいそう》して、余命がゼロになる年齢を求めると、94・7歳、ほぼ95歳近くになる。

どうして、一つの生命表だけでは89歳だった私の寿命が、複数年の生命表を使うと95歳になったのか。もう一度、実際の世界を考えてみよう。

これまで、時代が進むと医療技術や薬剤の進歩、栄養と健康意識、感染症の拡大を抑える清潔な飲料水の供給、適切な衛生教育、教育の普及や経済成長など平均寿命改善に寄与する要因の影響が大きかった。逆に、寿命を短くする要因とし

私の寿命推定

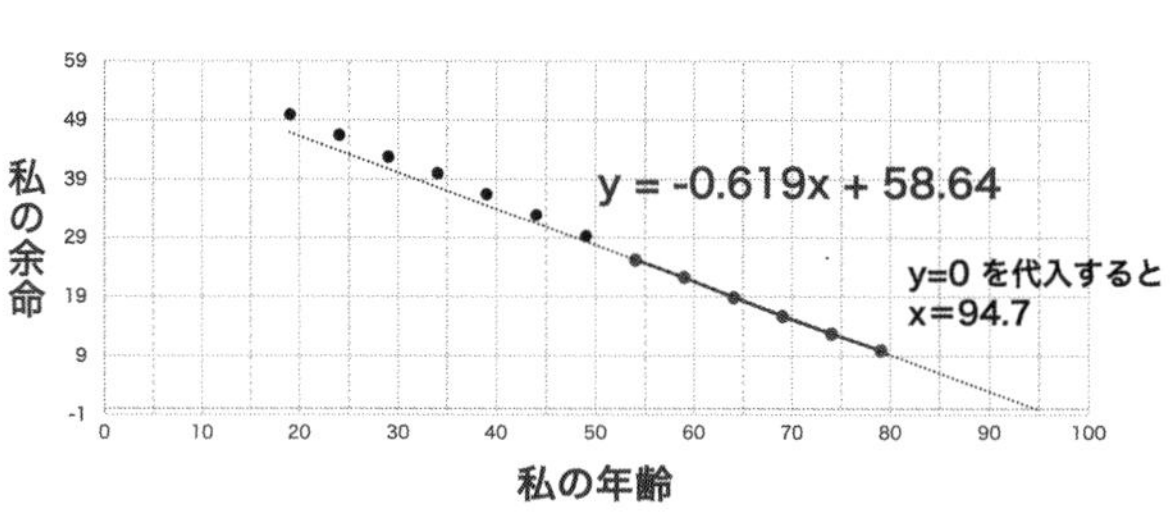

ては、環境汚染や気候変動、感染症の拡大、栄養と生活習慣の悪化、災害や紛争などが考えられる。

季節柄、年賀状の欠礼通知が届く。亡くなった4人の方の年齢が、100、97、97、93歳と知って、この95歳という私の推定寿命も現実味を帯びてきた。

私はこの95歳近くまで生きるというのを仮定して、これから先の人生の計画を立てようと思ったのだが、そう簡単にはいかないらしい。最後まで元気でいられるかはわからないからだ。

【健康寿命】 2000年にWHO（世界保健機関）が健康寿命を提唱して以来、寿命を延ばすだけでなく、いかに健康に生活できる期間を延ばすかが重視されるようになった。

健康寿命とは「健康上の問題で日常生活が制限され

統計年（私、歳）	平均寿命	健康寿命	差
男性			
2011 (71)	79.55	70.42	9.13
2013 (73)	80.21	71.19	9.02
2016 (76)	80.98	72.14	8.84
2019 (79)	81.41	72.68	8.73
女性			
2011	86.30	73.62	12.68
2013	86.61	74.21	12.40
2016	87.14	74.79	12.35
2019	87.45	75.38	12.07

ることなく生活できる期間」と定義されている。平均寿命と健康寿命との差は、日常生活に制限のある「健康ではない期間」を意味する。表からわかるように、2019年においてこの差は男性8・73年、女性12・07年だった。

平均寿命と同じように、健康寿命も年齢とともに少しずつ長くなる。そして健康寿命の伸び率の方が大きい。ということは、その差（健康でない期間）は年とともに少しずつ減少する。

その「健康でない期間」を西暦年の私の年齢に換算して、グラフにしてみる。ここでも経年変化はほぼ線形である。

これを外挿して、先に見た私の余命ゼロ年齢95歳の時点での「健康でない期間」は、7・8年と読み取れる。ここでは8年と丸めて、この時の健康年齢は、95－8＝87で、87歳となる。ということは、私はいま82歳なので、「平均で言うと」元

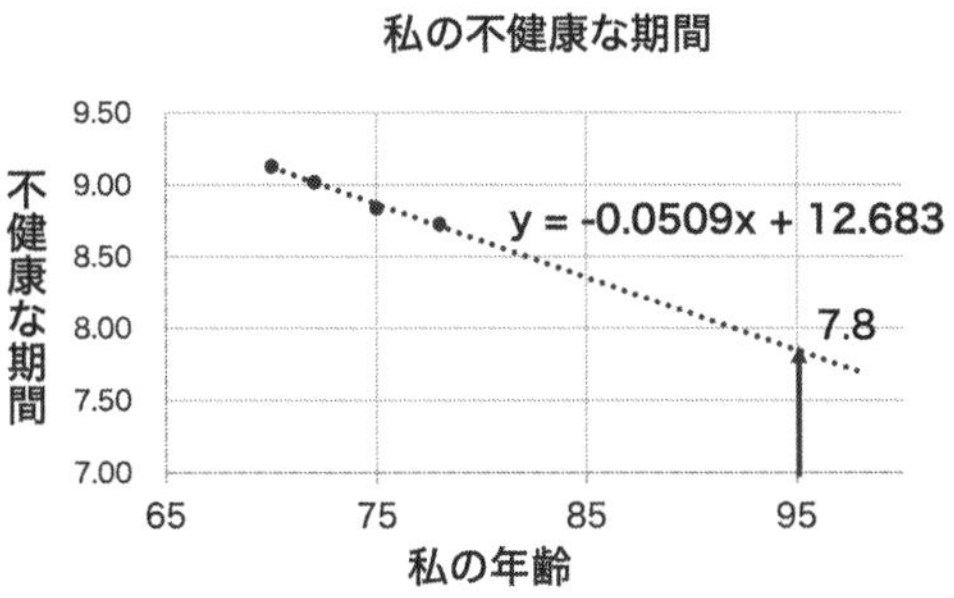

気なのはあと5年という計算だ。

【これから先は】 ここまでの結論は、私の寿命は95歳、健康寿命は87歳であった。仮にあと5年活動できるとすると、何をしようか。どこかに出かけていって話をしているだけでは広がりに限界がある。死んだあとも残るように文字に残しておこうと、80代に入って考えるようになった。今回出すことにした2冊の新書で、自分の人生について、若い年代の人たちにある程度話すことができたと思っている。私の人生も残り少ない感じだが、加えて書き残しておきたいテーマはいろいろある。5年では足りない。そこで少し考え方を変えてみようか。

もっと大きく100歳に向けて

やや話は変わるが、2023年の敬老の日を前に、厚生労働省は、全国の100歳以上の人が過去最多になったと発表した。日本には100歳以上の人が、

男：10，550人　女：81，589人、合計：92，139人であった。

過去の記録を見ると、100歳以上の人口は毎年ほぼ線形に近い増加傾向を示している。

グラフは省略するが、それを外挿すると、私が100歳になる2041年では、男性の100歳以上人口は1万5000人ほどになる。よし、それではあと5年の健康寿命など
と控えめなことを言わず、いっそのこと、この1万5000人入りを目指そうという気になっている。

それでは、もう一度現状を確認して自信をつけておこうと、健康診断を受けた。3年ごとくらいにしている消化機能・動脈硬化・認知症の三つの精密検査である。

【腸内フローラ判定（脚注⑰）】 腸内フローラの乱れにより生じるさまざまな病気のリスクを知るための検査。肥満、アトピー、アレルギー、湿疹、潰瘍性大腸炎、過敏性腸症候群、リウマチ、自閉症、ストレス耐性などのリスクを判定できると説明がある。「多様性および酪酸生菌ともに平均以上」ということで判定はBであった。

【LOX-index®（脚注⑱）】 脳梗塞・心筋梗塞発症リスクを評価する最新の指標。LOX-index

⑰ https://soujinkai.or.jp/himawariNaiHifu/intestinal-flora/
⑱ https://lox-index.com/hospital/feature/

は、三年前は１０９５点、低リスクと中リスクの間だった。今回は１７０点、完全に「低リスク群」と改善されていた。

【脳ドック（脚注⑲）**】**これは、認知症をその前段階とされる軽度認知障害（ＭＣＩ、Mild Cognitive Impairment）の時期に発見し、適切な対策を講じるためだ。いろいろあるメニューの中で、一番検査項目の多い「フル脳ドック特Ａコース」を受けた。頭のてっぺんから足の先まで、全身のＭＲＩ（Magnetic Resonance Imaging、磁気共鳴画像）検査であった。それで、頭部は無論、頸部・胸部・上腹部・脊椎・骨盤などの三次元画像を見ることができる。頭部の状態がもちろん一番の関心事であった。私はまだ大丈夫と言われたが、脊柱管狭窄症——特に腰椎と脊柱管の横から少し押し気味というＭＲＩの図がわかりやすかった。一番心配だった脳は年齢相応の老化はあるものの、まずは正常のようだ。

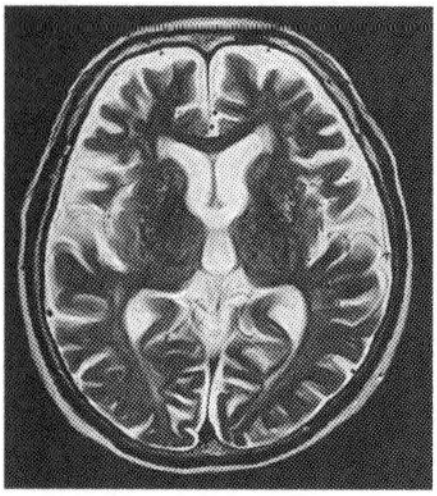
私の脳よ、
もうひと頑張り頼むぞ！

タイミングよく、和田秀樹著『１００歳の超え方』（廣済堂出版、２０２３）という本が最近出版された。早速購入して貪《むさぼ》り読んでいる。「100歳を見通せば、老い先がゆったりしてくる」という見出しに、思いを新たにした。あと何年、あと何年とすぐ先のことばかり考えていた自分がかわいそうに思われてきた。大きく100歳と決めると、もっとゆっくり仕事ができる。

妻も私の気持ちを察してか、牧田善二著『認知症にならない100まで生きる食事術』(文藝春秋、2023)を読んでくれているのを横目で見て、「よし、100歳まで生きるぞ」という気持ちになっている。言葉遊びで「白菜百歳」というのがあることを知った。

さぁ、白菜をたくさん食べるぞ!

⑲ https://www.docknet.jp/media/brain-dock-12/

付録　「二つの文化の間で」

杉並の家を処分して、終《つい》の住処《すみか》のつもりで多摩市のマンションに越してきたのは十数年前のことだった。昔は自分もなんとも思わなかったのだろうが、長いこと米国で暮らして、社会的習慣で変えるべきだと感じることがいろいろあった。そして、新しく知り合いになった周りの人たちに、私が常々感じていたことを話していた。

それを書いてみませんかと誘われた。住んでいる多摩市豊ヶ丘という地域の「ゆたか会ニュース」という会報の編集者からであった。それで、２０１４～２０１５年、18回ほど連載させていただいた。1回が大体、６００～７００字程度である。今回、ゆたか会から了解を得て、ここに再録する。当時私が感じていたことであるが、いまでもまだ該当している部分が多いと思いお目にかける。書いてからだいぶ時間が経つので、新しい統計などを使って更新した部分もあることをお断りしておく。

① 公文書での元号使用

私は日本生まれの日本育ちであるが、20代半ばに渡米、60を過ぎて帰国するまで米国で過ごした。そこで2度、カルチャーショックを経験した。

その一つが元号である。現在、世界中で元号を用いているのは日本だけである。中国、韓国、北朝鮮、イスラエルやイスラム諸国で使われている西暦でない年号も、元号ではなく、原点は変わらない紀元という紀年法だ。日本の皇紀も紀元だった。

元号の欠点は、「過去も将来も表現する能力がない」ことだ。「平成マイナス10年」とか、「平成32年（不確定）東京五輪」と言い切れない。

いま日本で使われている元号の問題は、ほんの数十年で変わること（頻繁な改元）。それも一月一日（立年改元）ではなく、一年の途中で変わること。明治、大正、昭和になったときは即日改元で、同じ日に二つの元号がある。ところが、昭和から平成への変わり目は翌日改元。1989年1月7日までが昭和で、その翌日から平成。

さらに、異なる元号間の年数の計算などという使い勝手の不便さだけでなく、経済的な損失も大きい。元号が変わるたびに、書式や暦の印刷やプログラムの更新など余分な経費がかかる。

和歌や俳句とともに、書や色紙に平成とか昭和とか元号を使うことはいい。ただ、私的なものではない公文書や事務書類では西暦で統一してほしいものだ。

② 大学入試と就職活動

20歳前後の多くの若者にとって、その時期の最大の関心事は大学入学と就職活動であろう。

日米の事情はずいぶんと異なる。まず、米国では、日本のように、個々の大学による入学試験はない。日本の「大学入試センター試験（現・大学入学共通テスト）」に相当する全国共通のSATやACTという試験はある。その成績も選考の参考にはされるが、内申書、社会活動、スポーツや芸術の才能など総合して判断される。また、大学は、人種、性別、出身地域、マイノリティなどのバランスをとるように合格者を決める。入学よりも卒業の方が難しい。

無事卒業すれば次は就職だが、新卒とか既卒とかの区別はない。卒業しても、しばらくボランティア活動や海外での経験を、という学生もいる。

社員募集も各企業が全社一括で行うのは例外的で、普通はそれぞれの部門が必要な能力別に個々に行う。一般職や総合職という区分もない。応募する方も採用する方も目的が明確になっているので、入社してからまったく予想外の部署に配属されて驚くこともない。

新卒である必要はないから、逆に実務経験の有無が重要になっている。修士号や博士号、あるいはＭＢＡ経営管理学修士号を持っていることは有利になる。

要するに、大学入学も就職も、全員一列に並べて点数で判断されることはない。学生も自分のペースで人生を決めやすい。

日米両方の大学で教えてみて、この違いが若者の人生観に大きな影響を与えていると確信するようになった。

③戸籍と男系家族制度

アメリカで子供が生まれると、出生届は国ではなく生まれた州の役所に出す。日本のように親の籍への追加ではなくて、その子供のための記録が新たに作成されるのだ。両親の出生届と子供の出生届が異なる州にあることも多い。

記載される事項は州によって多少差もあるが、姓名、性別、誕生の場所と日時、父母の情報（姓名、生年月日、居住地、出生地、年齢）だけで、それ以外、家族兄弟などについての記述はない。あくまで新生児個人の記録であって、家族は関係ない。また両親が結婚しているかいないかは問われない。

新生児の姓は、父親、母親、どちらの姓でもよいし、まったく新しいのをつけてもいいそうだ。要するに家の概念には無関係なのだ。

アメリカでは婚姻届も死亡届もその当地となった州に出す。婚姻届は夫婦別姓でも、相手の姓に変更してもいい。要するに、出生から婚姻、子供の誕生、離婚、死亡まで一つにまとめる身分登録制度はない。

日本の戸籍制度は明治維新後にできた。そのときに平民も姓の使用が義務づけられた。その後、家族国家観からなる天皇制の確立を強化するため、戸主を立てる戸籍になった。

世界で戸籍制度が残っているのは、台湾と日本だけだ。親子の絆の強いはずの韓国では、数年前から改革が進み「家」中心の戸主制の戸籍制度（紙ベース）を廃止、個人の尊厳と両性平等に基づくデジタルな個人別登録制度である家族関係登録簿になっている。

男女差があった婚姻最低年齢は、2022年18歳に揃えられたが、離婚後の女性の再婚禁止期間、夫婦の姓の選択などに関して、日本の女性差別は国連でも非難されている。男系家族制の戸籍制度を含む日本の民法は、改正が必要だ。

④ 末は博士か大臣か

内閣改造の話を聞くと、もう死語だが、「末は博士か大臣か」を思い出す。大臣の株が下がってしまった第一の理由は、その選び方にある。専門性はほとんど考慮されず、当選何回だからと、順番で空いている役職を探す年功序列制そのまま。本来ならば、逆に誰がふさわしいか、実力主義でゆくべきだ。

アメリカではどうだろう。行政官庁のトップはセクレタリーというが、普通は秘書ではなく長官と訳される。大統領の継承順位で、長官では国務長官（日本の外務大臣）がトップで、次が財務長官。この二つの日米比較をしてみる。

クリントン、ブッシュ、オバマは国務長官を1期ごとに一人任命。各長官はほぼ4年その職にあった。一方、日本の外務大臣は、この20年ほどで延べ19人、平均13ヶ月。1年で何ができるだろう。

日本では大蔵大臣が財務大臣と名称が変わった2001年から現在まで、15人が大臣になっている。平均すると一人あたり1年半になる。そのうち、一人だけとびぬけて、9年在籍の麻生太郎を除くと、残り14人の一人平均は11ヶ月しかない。同じ期間、米国では7人の財務長官で、一人あたりの平均は3年以上になる。

日本の大臣の大部分が衆議院議員であるのと対照的に、アメリカはその分野の専門家が多い。例えば、国務長官は弁護士、司法長官、外交官、大使、大学の外交政策教授、議員でも上院（参議院）議員で、外交委員会の委員長や元大統領夫人である。そして長官は自分のチームを任命するので、それぞれの省の幹部は大幅に交代する。

日本の大臣がリーダーシップに欠けるのは本人の責任もあるが、いまの名誉職のような任命制度自体にある。当面の課題に対して明確な理念を持つ人を選ぶ制度を考え、腰掛けではなくじっくりと、数年職務に専念してもらうようにするべきだ。

⑤コミュニケーション教育

ショー・アンド・テルという言葉をご存じだろうか。ショーは「示す」で、テルは「語る」。すなわち、何かを見せながら話をすることである。アメリカでは幼稚園や小学校の低学年で盛んな活動だ。

幼稚園でショー・アンド・テルがあるというと、我が家の子供たちも自分の好きなぬいぐるみなどを持って出かけた。それを皆に見せながら「おばあさんから、誕生日にもらった。毎晩一緒に寝てるんだ」などと他の子供に説明する。

日本の教育でこれにやや似たものを探すと、かつては綴り方や作文教育などがあったが、これはもう少し年長の子が紙に向かってテーマを考え、読者を意識した一人称で書く孤独な作業のように私には思える。

頭の中で形のない主題を探すより、具体的なものを選ぶ方が容易だ。目の前にものがあれば、話したいことは自然に浮かぶだろう。それをどういう言葉で伝えるか、聞き手の反応を見ながら進めていく。あまり興味を引かれないようだと、話の焦点や展開の仕方を変えることもできる。

幼稚園あたりからこんなことをやっているので、概してアメリカ人は人前で自分のことを話すのが好きだし、話し方もうまい。そして、自分の興味の方向に人々の関心を持っていく。古来、日本では自己の精進を第一として、自分の内面に向かうベクトルを重視した。しかし、同時に人は社会的な動物であるから、他の人とのコミュニケーション、外向きのベクトルも大切にしなければいけない。それだからこそ、一対一と同時に一対多数のコミュニケーション、パブリック・スピーキングの訓練もなるべく早い時期からしたいものだ。同時にこれは他人の話を聞く訓練にもなる。内容を理解し、的を射た質問をし、また自分の似た経験を加える。考えが浮かんでから発言できるまで待つことも学ばねばならない。聞くことは話すことより難しい。

⑥ギャンブルや酒の依存症

日本でもカジノの解禁を目論む超党派の議員連盟がある。そのカジノも含め、パチンコ・パチスロ、競馬・競輪、そして宝くじに至るまで、射幸心は働く意欲をなくさせ、依存症の人を増やす。

日本に帰国して驚いたことの一つは、朝、開店前のパチンコ屋の前に行列ができていることだった。それも暇な老人の時間つぶしではなく、働き盛りの年頃の若者や子育て世代の女性まで並んでいる。

米国にもしパチンコ産業があったら、まず駅の近くには開店できないだろう。居住空間の質を大切にしているゾーニング規則は地域ごとに決められており、商業施設では業種別、住宅では集合住宅、戸建て住宅の区別が厳しい。また、商業施設の種類によっては、学校の近くでは禁じられている。

ギャンブルや飲酒などの依存症になって生活破壊に至る社会悪については、アメリカ社会の統制は日本より厳しい。宗教的な背景があるのだろう。例えば、モルモン教徒の多いユタ州は州全体が禁酒である。州だけでなく町単位でも、住民の意向で決まる。私の住んでいたダラス郊外の町は、酒の販売は禁止。隣の街はビール、ワインなどはいいが、ウイスキーやウォッカなどはダメ。欲しければ、ダラスまで買いにゆくことになる。

韓国からパチンコ産業が消滅してしまったことは、日本ではあまり知られていない。日本のマスコミが報道を自主規制しているからだろう。２００６年８月、パチンコ全廃の通達が出され、韓国警察庁の徹底したパチンコ台没収政策の効果で、年内には全国で2万軒はあったといわれるパチンコ店がほぼ消えたのだという。パチンコの次、カジノはどうなるだろうか。

観光資源、雇用創出などの言い訳を鵜呑みにしてはいけない。博打は胴元が儲かるだけの仕掛けである。政府や行政ではなく、住民が決定権を持つべきである。

⑦議会解散権と1票の格差

バカの一つ覚えのように、「衆議院の解散は首相の専権事項だ」と繰り返している幹事長や官房長官がいる。そもそも、議会の解散権は民衆の代表たる議会と君主の対立という構図の中で、君主が議会に対抗する数少ない手段として残されてきた。

議会の解散が認められているほとんどの国で、解散は総督や元首がすることになっているのはその名残である。日本でも、衆議院の解散は内閣の助言と承認により、天皇が行う国事行為（形式的宣示権）の一つである。

日本のように、首相の一存で議会の解散が可能になる弊害は、ときの与党の都合で選挙が行われることで、与野党の交代が起こりにくくなることだ。それで近年、英国では内閣不信任の場合以外、議会の解散はできなくなった。ドイツでも、解散は首相の信任投票が否決された場合のみ可能になる。要するに、与党の都合で選挙をすることは許されない。米国には、そもそも議員任期満了時以外、議会の解散ということはない。

つぎに1票の格差に関して――。司法からも違憲とされたにもかかわらず、今回も「0増5減」でごまかし、依然として2倍近い格差のままの選挙である。

格差解消に対する米国のこだわりは異常なまでだ。基準となるのは、10年毎の国勢調査の人口。下院の定数435議席のうち、まず50州の各々に一人割り当てる。人口の少ない州でも、最低一人を確保するためだ。残りの385議席の各州への配分は、等比率法という数学的手順による。

一つの州の小選挙区の大きさは、できるだけ同じ人口になるように決める。例えば、選挙区が18あるペンシルベニア州では、最大人口の選挙区は64万6372人、最小は64万6371人、格差はたった一人! 以前19人の差があったときに違憲とされ、改定した。

解散権にしても、1票の格差にしても、日本の民主主義はまだ幼児期だ。

⑧公的記録の作成・保存・公開

年末、日米で対照的なニュースがあった。日本では特定秘密保護法が施行され、各省庁は嬉々として特定秘密の指定をして、その数、数百件に達したという。一方米国では、上院情報特別委員会が中央情報局（CIA）のテロ容疑者に対する拷問捜査について、報告書の概要を公表した（概要は500頁、全体は6300頁になるそうだ）。日本ではまず作成も、まして公開など考えられない。

そもそも、公式な記録を残す習慣が日本では希薄である。公文書管理法は、重要な意思決定の過程を後日検証できるよう、文書に残すことを義務づけている。ところが、東京電力福島第一原子力発電所の事故を巡って、避難区域や除染の方針など重要な決定を行ってきた政府の「原子力災害対策本部」の議事録が作成されていなかった。菅内閣の震災関連会議の3分の2で議事録なしだったという。

逆に、アメリカ原子力規制委員会（NRC）は、事故当初十日間の電話会議を含む検討会議の発言記録（3200頁）を公表。その中の日本政府要人の発言から、当時の政府認識がわかるというお粗末。

古い例では、米国追従の田中耕太郎最高裁判所長官が駐日米国大使と密談、砂川裁判について情報を事前に漏洩《ろうえい》していたことが米国の記録で発覚。外務省は当初、記録文書の存在を否定していたが、最終的には認めた。

どこの国でも、自分にとって都合の悪い情報はなるべく隠そうとする役人根性は存在する。それでもなお、米国の方が事実は事実として正確に記録・保存し、やがて時が経てばそれを公開する風潮があるように見える。過去の判断を検証し、次の時代のより賢い意思決定に役立てることが可能になる。きっと、失敗を通じて体験として学んだのだろう。日本がそこまで覚《さと》るのはいつのことだろう。

⑨事なかれ主義の日本

欧米と比較して、日本的な考え方は特異な点が多いが、中でも結論を曖昧にすることは進歩の最大の障害となっている。

イエスとノーの区別がはっきりしない。どちらとも解釈できる、いわゆる玉虫色の結論を好む。また、問題の本質に迫ることを嫌い末梢的なことにこだわる。結果の影響を考慮し、結論の方を変えてしまう事なかれ主義だ。

「違憲」ではなく「違憲状態」と言い換える（1票の格差の判決）。また、「爆発」を「爆発的事象」（原発事故について枝野官房長官）、「冷温停止」を「冷温停止状態」（原発事故収束について野田首相）もその一例。

地方自治法では、請願や陳情に対して採択と不採択の二つが定義されている。自治体によっては、それらに加えて「趣旨採択」を申し合わせなどで便宜的に追加している。「趣旨採択」は「採択」とは言うが、実効性では不採択に近く、その意味で「不採択状態」とでも言おうか。

市議会に、どの部分が採択でどの部分が不採択なのか、明確な結論を出す審議方法（部分採択あるいは一部採択を設けている自治体もある）を考えてほしいと政策提言をした。それが趣旨採択になった。ジョークにもならない。

そのとき、内容まで分け入ってどの部分というとそれぞれ思いが違って、議論が面倒になるからと発言した議員がいた。語るに落ちるとはこのことだ。議論を詰めることこそ、議員の本分ではないか。趣旨採択でごまかすのは、議員失格だ。

日本語が堪能な米国人大学教授に「弥縫策《びほうさく》」という言葉があると教えられた。寡聞《かぶん》にして知らなかったので、辞書を引く。「一時のがれにとりつくろって間に合わせるための方策。用例：—を講じる」

少なくとも公的な場合では、ぼかした言い方は何も解決しない。自分の立場を明らかにしてこそ、その先の議論に進めるのだ。

⑩ 教育の政治からの独立

教育、特に初等中等教育の日米差を見てみよう。日本で最近再び問題になっている教育委員会制度は、もともと米国の制度をモデルにしていた。当初、教育委員は公選であったが、それを首長の任命制にした。教育委員の互選で決めた教育委員長を首長が承認することになっているが、それを首長の任命制に変えようとしている。

文部科学省が告示する学習指導要領も教科書検定制度も、上意下達《じょういかたつ》の典型だ。検定は、憲法の検閲の禁止に反するという訴訟に対し、最高裁判所は教科書検定で不合格となっても、一般図書として販売されることは禁止されていないのだから、検閲ではなく合憲とした（家永教科書裁判）。行政には逆らわないのが日本の司法の常だ。

もちろん米国には、学習指導要領も教科書検定制度もない。科目も州によって違い、例えば我が家の子供たちが通ったテキサスの小学校ではテキサス州の歴史を、また独立したコースとしてアメリカ先住民（インディアン）の部族のことなどを教えていた。

米国では、教科書の選定も教員の採用も、また何を強調した教育制度を取るかなど、地域ごとに異なる。

日本は、小中高は6・3・3制が原則だが、アメリカは主流の5（4）・3（4）・4制以外にも、6・3（2）・3（4）制や8・4制、6・6制がある。全国で共通なのは、合計が12年ということだ。加えて、就学前の1年をK（キンダーガーテン）といい、小学校に併設されている。

日米の一番大きな違いは、教育が行政的にも財政的にも、自治体から独立していることだろう。地域的には、行政区と重なることが多いが学区があり、教育委員もその学区住民の公選で、学区は教育税の課税権も持っている。行政の首長である市長や知事などでも、教育に関して直接は関与できない。

日本でも、政治から独立した教育制度が実現する日があるだろうか。

⑪ 職業の選択：人生の岐路

進学校・有名大学から官庁・一流大企業に就職。定年退職後は天下り。というような人生設計を考える親も子も、米国にはまずいない。

基本的な違いは、米国には終身雇用信仰がないこと、むしろ実力をつけながらより新しい分野に移っていくことこそ人生だという思いが強い。

転職が多いというと、いまの職場に不満でもっと条件のいい同業種の企業に移る、という印象を持つかもしれない。しかし実状は、新しい可能性を探してまったく異なる職種に変わったり、大学院に入り直したりすることが多い。

私がいたことのあるベンチャー企業に、30歳くらいの女性の優秀なプログラマーがいた。会社を辞めて1〜2ヶ月欧州を旅行するという。そして、その間に自分の本当に好きな手芸で食べていく方法を具体化したいという話だった。大学を出てすぐ就職するのではなく、自分のこれからの人生を考えるため、平和部隊（日本の青年海外協力隊にあたる）に2年ほど行って、帰国してから工業デザインのマスターコースに戻った青年もいた。

米国で過ごした半生で、私自身40歳過ぎに大学から民間企業へ、そして50歳で大企業から大学発の情報技術ベンチャーに転職した。その後、退職するまでの10年余り、本当に手応えのある新しい体験をした。

日本のように、新卒採用時に一斉に行われる就職試験では、自分に本当に向いていると確信できる職場につける可能性はほとんどないだろう。

人は成長し続ける。したがって、多くの人は人生のある時期に現状に甘んじるか、新しく挑戦するかの選択を迫られる。その岐路に立ったとき、決断する勇気を持てるか——。

風通しがよく、動きやすい社会構造があれば、個人の能力を伸ばせるだけなく、企業の側にとっても新しい息吹を期待でき、ビジネスの活性化につながるだろう。

⑫ 地方自治体の「自治度」

過去最低投票率を更新して、統一地方選挙が終わった。日米の地方自治体の根本的な違いは、その成立過程と上部組織からの独立性の強弱だ。

例えば私が住んでいる多摩市は、多摩村（1889年）、多摩町（1964年）、多摩市（1971年）と単位の名称こそ変わったが、常に国や都道府県の出先機関の意味合いが強い。

一方、米国の地方自治体は、住民自らの要求があってはじめて成立する。例えば、私がかつて住んでいたテキサス州ダラスの郊外リチャードソン市（現在の人口、約12万）は、19世紀前半にケンタッキー州やテネシー州から移住した人たちが、地域の範囲を指定して市としての宣言をした。それが1873年に州議会で承認され、一種の法人となった形だ。民意によって規則もいろいろである。

その町に越して、前庭が寂しいので軒先に藤棚を作った。すると市から「規則違反なので、すぐ取り除くように」と警告がきた。通りの美観を保つために道路と住まいの間には生きている植木以外、塀や棚など人工物は作ってはいけないという条例があるのだそうだ。

その結果、住まいから道路の間は芝生だけ。隣との境目にも何も作っていないので、何十軒も、芝生が続く。芝刈りをするときは境目がわからないので、隣家の前庭と思われる部分も、ちょっと余分に刈っておく。隣も同じことをしてくれる。芝生に切れ目ができたり、そこだけ伸び過ぎたりしていると、市から規則違反の警告がくるのだ。

これらの規則は、自分たちの町の不動産価値を上げるためだ。確かにその辺りは、住宅の平均購入価格が一段と高い町であった。

開発についても、経済的な発展よりも現在の住みやすさが第一。地区の用途目的も厳しく、戸建ての地区にアパートやコンビニが建つことはないし、住宅区域に自動販売機が置かれることはない。

日本では、選挙になると投票資格があれば、役所から入場券が自動的に郵送されてくる。米国では、投票をする意思があることを予め登録しておかない限り、投票できない。

子供が学齢期になれば、日本ではお役所からお知らせが届くだろう。米国では、親が自分の子供が通う学校区に登録しないと入学できない。入学年齢も6歳が原則だが、子供の発達状態に応じて柔軟である。

日本では「自治」体とはいうが、お上にお任せの部分が多すぎる。「地域のことは、地域において決定し、実行する」を旨とし、もっと自主的に町づくりをしてはじめて、「自治」体だ。

⑬ 玄人の視点、素人の視点

私は大学院を卒業後、ポスドク（博士後研究員）としてワシントンにある研究所に入った。研究員十名ほどの小さな研究所だが、その専門領域では国際的にも著名な科学者ばかりだった。

そこに、エディターと呼ばれる女性がいた。その研究所から学術雑誌に投稿されるすべての論文はその人がチェックする。専門家ではないから学術的な意味はわからないが、語彙、表現、論理展開、それに引用文献のチェックなど、所長以下論文著者も彼女の修正提案に従う。

ボストンのソフトウエアのベンチャー企業での開発システムも、おもしろかった。ソフトウエアの内容についてはそれを開発したエンジニアが一番詳しいはずだが、テストパッケージと取扱説明書は別のグループが作る。テストのためのコードが元のプログラムより大きなものになることもある。説明書を作るのは、テクニカルライターの訓練を受けた人たち。開発者に質問しながら、取扱説明書を書く。

大学での研究の成果は、論文として専門の学術誌に投稿される。編集者は、研究領域の近い人に審査を依頼する。審査の目的は合否だけでなく、もし出版に値する論文だったらよりよくなるように助言することも重要である。

著者は自分ではわかっていても、往々にして論理を飛ばしてしまうことがある。第三者の目でそれを指摘したり、別の解釈の可能性を指摘したり、論文の質を上げることがレビュアー（評者）の役目だ。

文学、絵画、音楽など芸術の分野では、作者の思いをそのままぶつけ、受け取る側のことはあまり考える必要はない。

一方、相手にわかってもらうことを目的とする文書や論文では、書く方の視点に加え、受け手の視点が活かせるような仕組みを、日本でももっと工夫すべきだ。言い換えるとそれは、素人の視点を加えることを意味する。

⑭話し合いの基本：議論、説得、批判

人が二人寄れば、考えがまったく同じということはまずない。

そこに話し合いの必要性が生じる。相手の考えの弱点を批判し、自分の主張に賛成する

ように説得するところから議論が始まる。

ディベートというと、日本ではどうも、「弁論」や「雄弁」などという言葉が連想されることが多いが、実際はそのようなパフォーマンスではない。〝静かな論理的な〟批判の方が、相手も、そして第三者も、納得させることが多い。こちらの主張の理由や背景を理解してもらうことが重要だ。

米国で暮らすようになって、驚いたことはいろいろある。その中でも、相手の考えにはっきりと反対、あるいは批判をする習慣が印象的であった。自分の立場を明確にするところから議論は始まる。

先生の言うことに、学生が正面から反対意見を言う。また、上司の考えに部下が疑念を明確に表明する。

そしてもっと驚いたことは、批判された先生や上司が、まじめになって反論することだ。話し合い、特に批判を伴うものについて、日米で根本的な素地の違いがあるように感じている。批判はあくまで「こと」や「もの」に対してであって、「ひと」に対してではないという共通の認識が米国では子供の頃からある。いくら言いたいことを言っても、節度を保っている限り、それは相手の人格についてではないから、議論が終われば両者の関係は元に戻る。

あいつ俺のいうことに反対しやがってという気持ちが少しでも残ると、次から建設的な意見の交換はできない。

日本でも、話し合いについて意見の違いが相手の人格には及ばないということが、ごく普通のことになる日が早く来るといい。

⑮高学歴女性の社会進出度：体験から思う

私は50歳のとき、転職をした。ボストンのベンチャー企業に面接に行くと、そこの上級副社長が対応してくれた。30代半ばの女性であった。

女性の管理職というと、バリバリ仕事をこなす猛烈なタイプを連想するかもしれないが、至って穏やかな方だった。大学教授のご主人と、二人の優秀なお嬢さんを育てあげた。

別の部門だったが、女性のグループマネージャーとも日本の顧客を一緒に回ったことがあった。非常にさっぱりした性格で、男っぽい。それもそのはず、家族は二人の息子とご主人で、男の中に女一人。

この二人は、もともとは画像認識や人工知能の技術者だったが、管理能力を認められ、責任を任されていたのだろう。

もちろん日本でも、一線で活躍している女性は少なくないはずだ。しかし中には、キャリアか個人の人生かという猛烈な二者択一をして、結婚を断念、あるいは年齢的に子供を作ることを諦めた人もいるだろう。

私の知っている限り、米国では仕事で活躍している女性は、公的な場面だけでなく私的な生活でも、充実した家庭を築いている人が圧倒的に多い。

日本の職場環境が、そのように女性が公私両方でやり甲斐のある人生を追うことができにくいことも事実だろう。

日本の大学進学率の男女差はどんどん狭まってきている。文科省の発表では、2022年に男子59・7%、女子53・4%にまでなったが、その10年前の2012年には男子55・6%、女子45・8%であった。女子の進学率の増加が著しい。しかし選考分野別に見ると、女子は人文社会系が圧倒的に多く、理学、工学分野は非常に少ないという。

今後の女性の社会進出の鍵は、理系女子の増加ではないか。技術的能力を基盤に、人事経営能力も加えて、男性とも互角に渡りあいながら幸せな家庭を築いていく女性が、一人でも多く増えることを望んでいる。

⑯ 健全なジャーナリズム：民主主義の基本

世界180ヶ国の中で日本が68位で、その下にパナマ、トーゴが続く。何の順位か想像がつくだろうか。

その国にどのくらい報道の自由があるかの指標「世界報道自由度ランキング」で、「国境なき記者団」というジャーナリスト非政府組織の2023年のデータである。

ほぼ毎年出ている過去のデータを見てみると、日本は第1次安倍内閣のときに37位から51位に順位を下げた。民主党に政権交代して17→11位と順位を上げたのもつかの間、2011年の東日本大震災と福島第一原発事故の発生後、22→53→59位と急速に落下した。

これは福島第一原発事故に関する電力会社や「原子力ムラ」の閉鎖性に始まり、「記者クラブ」と特定秘密保護法が追い打ちをかけた。

記者クラブとは、新聞や放送関係の同業者の親睦団体と思ったら大間違い。実は、大手メディアが取り仕切る排他的な集まりで、公的機関から独占的にニュースをもらうだけでなく、記者室を提供され、光熱費なども負担してもらっていることが多い。フリーランスや外国メディアの参入は困難。その英訳は、普通ならPress clubだが、日本の記者クラブは特別で、Kisha kurabuだという。

日本では全国紙の新聞、地上波テレビともに、情報の流れは中央集権的である。米国はニューヨーク・タイムスやワシントン・ポストのような例外的な全国紙はあるが、地方紙を読む人が多い。また、テレビは全国ネットワークもあるが、ケーブルや衛星テレビも多く、CNN（ニュース専門局）、PBS（公共放送サービス）などと分散化している。

何よりも、ジャーナリストとして使命感や自負心に差があるように感じている。

⑰ 専門家の欠如：日本の外交力の弱さ

TPP（環太平洋パートナーシップ）協定大筋合意と大村智博士ノーベル賞受賞のニュースが同じ日の夜に入り、2015年10月6日の新聞の朝刊の一面に並んだ。どちらがトップニュースとして扱われたか――。朝日、産経、赤旗はTPPがトップ、そしてノーベル賞トップは読売、日経、毎日、東京だった。

編集部は、そのニュースが「将来」世の中でどの程度の影響を持つかと、「現在」どれだけ多くの読者が関心を持つかとの天秤にかける。

それに続いて、内閣改造のニュース。もっぱらの解説は、何々派からの入閣は何人に増えたが、どこどこは首相支持も報われず減少などとある。

論功行賞人事で、たまたま空いていた部門の大臣に任命されて、「これからしっかり勉強させていただきます」などと挨拶をする程度の人物に何が期待できるだろうか。

TPPでも、日本の外交交渉力の弱さを露呈したことを指摘したい。そもそも、米国との合意が仲間に入れてもらうための条件などという始まりからして、間違い。そのため、豪州やニュージーランドが最後まで粘るのに対して、日本は交渉決裂を避けたい米国のため、進展ありのニュースリークの役割を果たすだけであった。

米国側の代表はどんな人物か。国際情勢論で学士号をプリンストン大学から、国際関係論で博士号をオックスフォード大学から、そして法学博士号をハーバード大学から取得後、二十数年の役人歴。全員が外交の専門家である。

もう一点、米国では組織のトップに任命されるくらいの人物は、自分のチームを連れて行くか、自分の選択で部下を固める。一人で乗り込むことは少ない。

日本でも組織のリーダーとしてもっと専門家を登用しないと、いつまでも外交交渉力の弱さをさらすことになる。

⑱偏見を排して、若者の将来に可能性を！

「女の子にサインコサインタンジェントを教えてなんになる」と、どこやらの知事が発言して批判を浴びた。

なぜ男の子でないのか、あるいは未来の政治家ではなく、「女の子」なのか。そこには「女性は家事、育児に専念していればいい。数学のことなど知らない方がいい」という時代錯誤の偏見があるからだ。

実際、米国での私の経験からすると、ソフトウエア関連の業種では優秀な女性のエンジニアが多かった記憶がある。三角関数がわからないと困るはずだ。

また、国立大学法人の評価委員会の意見を受けて文部科学省は、２０１５年6月、人文社会科学系を「廃止や転換」の対象として国立大学に通知。それに対し、日本学術会議や国立大17校の人文系学部長会議は「大学教育全体を底の浅いものにしかねない」と抗議した。

文科省にとって止《とど》めの一撃は、ウオールストリート・ジャーナルなど英字紙がこの問題を大きく取り上げたことだろう。

一番の問題は、大学、大学院などの目的が「産業界や国が求める知的労働者の供給源」と捉えられていることである。理工系を実学とし、人文科学を虚学とする偏見だ。

アメリカではスタンフォード、ハーバード、ＭＩＴなどの総合大学（ユニバーシティ）と肩を並べて、リベラルアーツ系のウィリアムズ、スワスモア、ポモナ、アマースト、ハーバーフォードなどの単科大学（カレッジ）が大学ベストテンに入っている。そこでは、卒業してすぐ専門知識を役に立てようという考えはなく、哲学や歴史もじっくり学んでから、政治・経済や医学・科学分野に進んでいくことを期待している。

人の将来は、性別や得意不得意では決められない。若いうちは、いろいろな可能性を用意しておくべきだ。

あとがき

前回書いたのが自分史だとすると、今回はさしずめ家族史になろうか。それで、改めて遺伝について考えてみた。目の色・肌の色・体格など、肉体的には確かに遺伝の要素も大きいだろう。精神的にはどうだろうか。一緒に生活すれば、影響を受けて後天的に似てくるということはあるとは思う。

父方の祖父と私は会ったことがない。しかし、人生に対する考えというか、行動のパターンは非常によく理解できる。35歳で一人で渡米。それまでの僧職から一転して、証券・保険関係の仕事を始めた。生き方を変えることにこだわらないで、新しい世界に入っていっている。できるなら、会ってそのときのことを尋ねてみたいものだ。

父も大学卒業後、日本に来た。その理由は、当時は太平洋戦争の勃発前で反日の風潮が高まっている時期で、米国での就職がなかなか見つからなかったからだと、私の母には言っていたそうだ。しかし、本当にそうだったのか。カリフォルニア工科大学の電気工学科卒業者で、仕事がないというのは本当だろうか。日本生まれではあったが、米国に行ったのが5歳のときだから、あまりよく知らない祖国に対する憧れのようなものがあったのかもしれない。また、自分の中に日本人の血を感じていたのではないだろうか。そして結局、日本人の女性と結婚して、私が生まれることになったのである。もし戦争が始まるとしたら、米国の軍隊よりも日本の軍隊に入ることを期待していたのではないか。いまとなっては聞くすべもないが、私は知りたかった。

私の息子の職歴を見ていると、これまた私よりも幅が広い。ビジネススクール仕込みのビジネス感覚とシリコンバレーの地元の強みで、技術の進歩をうまく取り入れている。これからも日米両国で、いい仕事をし続けるだろう。

「まえがき」に挙げたグラットンとスコットの本が論じている「ライフシフト」というのは欧米での話である。当然、社会習慣の違う日本には該当しないこともある。例えば、付録でも触れたように、日本の就活の基本である新卒・既卒の違いは米国にはない。そもそも、時期を決めて職員募集ということ自体、聞かない。全社規模で採用することもあまりない。

必要なタイミングに、必要とする部門が、必要な能力を明記して募集するのが普通である。さらに、一度働き始めてからの転職もごく普通のことである。したがって、「終身雇用」などという期待は、雇用する側もされる側もあまりない。

そのように、社会習慣の異なる日本でのライフシフトはどのように考えたらいいか——。ライフシフトの原著の翻訳本を発行した東洋経済新報社が、特に日本でのライフシフトについて、いい新書を2冊出している。『ライフシフト　実践編』および『リカレント編』である。例が多いので、参考になることがあるだろう。

朝日新聞朝刊・国際面に2024年元旦から、「私のスイッチ、人生の決断インタビュー」というたいへん興味深い記事が8回にわたって連載された。国を越えて働き場所を変えた人の生の声が聞ける。国際的な転職に関心のある方にはお勧めの読み物だ。第1回目は民間テレビのアナウンサーから、国連難民高等弁務官事務所へ。そしてさらに、ウクライナで働き、ユネスコの難民支援へと仕事を変えた日本人女性の話が半ページ以上にわたって出ていた。それ以降も、タイ、ホンジュラス、イスラエル、フランス、中国と、さまざまな人種的背景を持つ人たちの話が続く。どれも世界を股にかけての「太い人生」である。

私が常々感じていた「日本的習慣」については、付録にまとめておいた。特に女性の社会的地位および進出については、日本は世界的にも遅れている。男女格差の解消はこれからの経済成長に不可欠である。

中学高校の同期会の集まりで、「墓場に持っていくにはもったいない話題」をみんなで共有しようという提案があり、笑ってしまった。私がいましていることはまさにそれだ。生きているうちに言いたいことは言っておこうという心持ちである。

このあとがきをまとめている段階で、小林哲夫著『筑駒の研究』(河出書房新社、2023)が出版された。前著でも本書でもあまり触れてこなかったが、自分の生き方を考える上で、6年過ごした筑波大学附属駒場中学高校の影響は意外に大きかったのかもしれないと、いまになって気づいた。逆にいうと、他の人に比べてというのではなく、自分の生き方に対する絶対的な自信があったのだ。6年間教え導いてくださった山本光校長先生の人生哲学の影響が感じられる。

「広葉樹のように生きる」という言葉を、友人で、珈琲道の師匠である祐乗坊進《ゆうじょうぼうすすむ》さんから教えていただいた。祐乗坊さんは武蔵野美術大学大学院で「環境デザイン論」を教えていらしたが、この言葉はその最終講義のタイトルだったそうだ。広葉樹は木目が複雑に変化する美しいものが多い。材質は堅くて重い。加工しにくいが、丈夫である。また、花が咲いたり実が成ったり、季節を彩る樹も多い。なるほど、すいすいと成長し素直な針葉樹に比べ、広葉樹は個性というか一癖も二癖もある感じである。納得。

たまたま耳に入った言葉で、最後にこの本の結論をもう一度。

「人生、長生きよりも太生きで、広葉樹のように生きようではないか！」

さて、堅い話が続いたので、今回もまた飲み物の話でのんびり終わることにしよう。前回はコーヒーで、炭火焙煎ピーベリーなどの話をした。米国時代の知り合いに、そのコーヒーと焙煎をしてくれた友人の奥様のあいさんの焼かれたお菓子をお送りした。その友人からお返しにいただいた二首、

多摩の丘の炭火焙煎珈琲に「あいちゃん」のブラウニーも添へられ
里山の水の香りする珈琲にしっくりしっとりブラウニーも甘し

さっそくこの短歌を届けに、珈琲を焙煎してくれた「炭火焙煎珈琲豆工房ｋｉｋｉ（樹喜）」へ行く。こうして新しい話題で楽しい会話ができるのは嬉しいことだ。そして、今回そこで見つけて購入したのは「ハスキーカップ」。ハスクとは、コーヒーの実から豆を取り出すときに生まれる外皮や殻のことだそうだ。植物製のコーヒーカップは唇に優しい。興味のある方は、ネット（脚注⑳）で検索を。私の人生は、友人たちのおかげで本当に豊かになる、ありがたいことだ。

さて、飲み物の話である。今回は、ぐっと日本式に抹茶の話をしよう。

私は大学、大学院の6年近く、近所の裏千家の先生のところに通った。男の弟子は私一人。動機がやや不純ではなかったのかという説もある。花嫁修業で来ている若い女性もいないわけではなかったが、大半は中高年。こっちはまだ20代そこそこなのだから、オバサンばっかりという感じであった。大学の講義が終わってから行く稽古は、たまに前の弟子がまだいて、お客になったりなられたりすることはあったが、ほとんどは先生と一対一。だいたい、はじめにお茶なんぞをする気になったこと、さらに留学するのでやめるまでずっと続いたのはなぜか。途中やめようと思ったことは一度もなかった。

お茶室の雰囲気が好きだったというしかない。そして感動は、お茶を点《た》てて茶筅《ちゃせん》をすっと引き上げたとき、細かい泡が中心でやや盛り上がっている瞬間だ。ちょうど、コーヒーをドリップで淹れるとき、注いだお湯で粉がこんもりと膨らんでくる風情に通じる。

家元制度のお稽古事は小さなステップがたくさんあり、その度に許状《きょじょう》をいただく。「入門」・「小習」から始まって、「盆点」・「和巾点」といただき、最後にいただいたのが「眞之《しんの》行臺子傳法《ぎょうだいすでんぽう》」の許状だった。

入門のときの私の免状は、十四代の千宗室（淡々斎）の署名がある。そして、最後にいただいた眞之行臺子の免状は、次の十五代の今日庵宗室（千玄室）先生から。私が入門した頃は、若宗匠と呼ばれていらした。私も渡米前に師匠に連れられて、ご挨拶に伺ったことが

---

⑳ https://diamond.gr.jp/brand_dia/huskee/brand/

あった。お出ましになるのを大広間の隅に平伏してお待ちするのは、さながら昔お城で殿様に拝謁するのを思わせる。苦しゅない、近う、近うというのも、同じである。からだに気をつけて精進してくださいと言われた。現在の家元（十六代玄黙宗室）のお父上にあたる。

第十五代の今日庵宗室先生はハワイ大学に行かれていたこともあって、茶道の海外普及に熱心な方だった。アメリカにも裏千家の支部がありますから続けてください、と声をかけてくださった。

しかしアメリカに行って以来、今日まで60年以上、弟子の弟子のまたその弟子くらいの不肖な弟子の私は、一度も茶会に出ることなく、もうまったくお茶の作法も忘れた。だいたい、長いこと正座することが無理になった。それでもほとんど毎朝、自己流に点てて妻と二人で味わっている。

今日庵宗室先生は２０２３年4月19日に１００歳になられた。テレビ朝日「徹子の部屋」で、また、ＮＨＫラジオ深夜便の「明日へのことば」でお元気な様子を窺うことがで

きた。100歳とはとても思えないお話しぶりで、そのお声に感激した。内閣総理大臣顕彰を授与されたそうだ。誠におめでとうございます。お目にかかってお話ししたのは半世紀以上前だが、そのときのことを思い出す。

抹茶は「茶杓で一杓半」、お湯は「柄杓で半杓」が黄金比と言われるが、茶杓はあるが柄杓はない。それで、コーヒーと同じでデジタルスケールを使う。ネットにあった抹茶「2g」にお湯「80cc」の割合にしている。お湯の温度は、70〜75℃とある。理科実験じゃないんだぞと言われるかもしれないが、電気ケトルで湯冷ましの水を再び設定温度まで沸かしたお湯を使い、西洋流の淹れ方をしている。私の好みの温度は、低めで65℃くらい。

もう一つ、この頃は新しい楽しみが増えた。抹茶を自分で挽くことである。本当の抹茶は、石臼で甜茶《てんちゃ》というお茶をゆっくりと挽くのであるが、自宅では小さな茶挽きで煎茶を手で挽く。そして、茶用の篩《ふるい》や茶濾しを使って、なるべく細かい粉茶だけ使うことにしている。挽きたては香りがいい。

昨今の夏は猛暑である。いっそ、冷たいコーヒーや抹茶はどうだろう。実は、水コーヒー（ダッチ・コーヒー）の道具は持っている。ただ、一滴一滴落として淹れるので、何時間もかかかる。水抹茶はネットに出ていたので試してみたが、我が家ではあまり評判が芳しくなかった。

自分で挽いて、デジタルスケールと電気ケトルを使って淹れる楽しみは、コーヒーも抹茶も同じだ。その手間というか、手続がなんともいえずいいのである。老人には時間がたっぷりありますからね。それでは、失礼して、一服いただくことにしよう。

【補遺】『米国への往復きっぷ』の「恩師」の章に書いた魚地伸子先生が、本の出版された翌月に94歳でお亡くなりになった。我々がご指導いただいた頃の若い先生の写真を掲げ、ご冥福を心からお祈りする。

【訂正・加筆】前回『米国への往復きっぷ』で、中村純二先生の奥様のお名前が間違っておりました。正しくは、「あや」さんです。お詫びして訂正します。

そのとき書いたように中村あやさんのお父上は金森徳次郎氏ですが、さらに弟さんは地震学者でCaltech（カリフォルニア工科大学）名誉教授、金森博雄さんです。同じ地球科学の分野なので、お名前はよく存じ上げています。金森博雄さんと私は大塚と駒場の違いがありますが、同じ東京教育大学（現・筑波大学）附属中学・高校出身で、またCaltechは父の母校で、私も一度は留学先として考えたことは前に書きました。縁を感じます。

【謝辞】 サンフランシスコにいる長男・晶とは、メールやzoomで意見を交換したり、時には議論もした。この本への彼の貢献は大きく、感謝しつつ今後の更なる成長を祈っている。

「ゆたか会ニュース」に私がした連載の再録を許可していただいた編集長・丸公夫さんにお礼を申し上げる。親族の写真を提供してくれた義兄・橋本逸夫（義父母の写真）、従妹・中塚祥子（叔父・叔母の写真）に感謝。この本の制作にあたり、幻冬舎の編集者の皆様のプロフェッショナリズムと専念に感謝いたします。

ＱＲコード索引

本文中でインターネットのサイトを参照している場合は、識別記号であるＵＲＬ(Uniform Resource Locator)を頁末に脚注としてリストしてある。デジタルファイルの場合は、ＵＲＬを使って、サイトを開いて読むことが容易にできるが、印刷になっている場合はＵＲＬを一文字ずつ打ち込む手間が大変である。そのため本書では、頁末にあるＵＲＬをＱＲコードに変換して、巻末にまとめた。ＵＲＬは1次元で、ＱＲコードは2次元であるが同じ情報が入っている。

ＱＲコードを読み取るには、カメラとＱＲコードリーダソフトウエアが必要である。スマホやAppleのMac・iPad・iPhoneなど、ほとんどで写真撮影の標準カメラにＱＲコードを読み込む機能がついている。Windowsのパソコンでも標準で装備されているものが多い。そうでない場合も、コードリーダソフトウエアはインターネットに無料のものがたくさんある。

ＱＲコードを読み取るには、カメラで視野の中央にＱＲコードがくるようにする。そうすると、その角の三つのマークで決まる正方形の中のパターンが自動的に読み取られる。あとは、読み取られたコードにタッチすれば、目的のサイトが開くはずである。

ここに掲げたＱＲコードは、この本の執筆時点(２０２４年1月)でインターネット上に実在していることを確認してある。

脚注①
脚注②
脚注③
脚注④
脚注⑤
脚注⑥
脚注⑦
脚注⑧
脚注⑨
脚注⑩
脚注⑪
脚注⑫
脚注⑬
脚注⑭
脚注⑮
脚注⑯
脚注⑰
脚注⑱
脚注⑲
脚注⑳

著者紹介

大橋慶一 (おおはし よしかず)

1941年生まれ。筑波大学附属駒場中学・高等学校。東京大学でX線結晶学・鉱物学を専攻して、学士号・修士号。ハーバード大学で博士号。カーネギー地球物理学研究所を経て、ペンシルベニア大学助教授。珪酸塩鉱物の結晶構造解析。ARCO石油ガス会社中央研究所で超音波ボアホールテレビューアシステム開発。コグネックス社で、半導体製造・検査装置用の画像認識システム開発。後年に、技術開発から技術経営へ。著書に「マシンビジョンビジネスのためのMOT技術経営」(産業開発機構、2006)、「米国への往復きっぷ—人生計画の展開」(幻冬舎メディアコンサルティング、2023)。

幻冬舎ルネッサンス新書 265

親子四代《おやこよんだい》 太平洋《たいへいよう》を渡《わた》って

2024年4月4日 第1刷発行

著　者　大橋慶一
発行人　久保田貴幸

発行元　株式会社 幻冬舎メディアコンサルティング
〒151-0051　東京都渋谷区千駄ヶ谷4-9-7
電話　03-5411-6440(編集)

発売元　株式会社 幻冬舎
〒151-0051　東京都渋谷区千駄ヶ谷4-9-7
電話　03-5411-6222(営業)

ブックデザイン　田島照久
印刷・製本　中央精版印刷株式会社

検印廃止

Printed in Japan
ISBN978-4-344-69081-3 C0295
幻冬舎メディアコンサルティングＨＰ
https://www.gentosha-mc.com/